V

Michael Stahl

Verbranntes Männerherz

AUF DER SUCHE NACH MÄNNLICHKEIT

ROMAN

GLORYWORLD-MEDIEN

1. Auflage 2012

© 2012 Michael Stahl

© 2012 GloryWorld-Medien, Bruchsal, Germany

Alle Rechte vorbehalten

Bibelzitate sind, falls nicht anders gekennzeichnet, der Einheitsübersetzung entnommen.

Lektorat: Eleonore Ohligschläger / Michael Grosser / Katja Riedel
Satz: Manfred Mayer
Umschlaggestaltung: Rainer Zilly, www.kreativ-agentur-zilly.de
Umschlagfoto: Rainer Zilly
Druck: Schönbach-Druck, Erzhausen

Printed in Germany

ISBN: 978-3-936322-71-2

Bestellnummer: 359271

Erhältlich beim Verlag:

>GloryWorld-Medien
>Postfach 4170
>D-76625 Bruchsal
>Tel.: 07257-903396
>Fax: 07257-903398
>info@gloryworld.de
>**www.gloryworld.de**

oder in jeder Buchhandlung

Inhalt

1. Ernüchterung 7
2. Die Reise 15
3. Die Einsamkeit 21
4. Der Besuch 31
5. Gefühlschaos 37
6. Licht am Ende des Tunnels 41
7. Aufregung 51
8. Die Befreiung 55
9. Von Neuem geboren 65
10. Allein und doch nicht allein 69
11. In Freiheit leben 73
12. Die Überraschung 79
13. Aufräumarbeiten 87
14. Vollkommen werden 91
15. Erfüllte Hoffnung 197
16. Der Spiegel 101
17. Brennendes Männerherz 107

1 – Ernüchterung

Wasser läuft über mein Gesicht. Meine Hände reiben verkrampft meine Wangen. Gebeugt stehe ich vor dem Waschbecken und massiere die letzten Tropfen Wasser aus meinen Augen. Leer und müde blicke ich in den Spiegel.

Ich bin's, oder besser gesagt das, was noch von mir übrig ist. Mein Handtuch gleitet über die letzten nassen Stellen. Dann ist der Blick frei – auf mich: Joachim, der wie alle Joachims „Joe" genannt wird, 42 Jahre alt, selbstständig, angeblich glücklich verheiratet, zwei Kids im Teenie-Alter. Eigentlich habe ich alles, was ein Mann so braucht – wie in dieser Werbung: „Mein Haus, mein Auto, meine Yacht!" Nein, nein, eine Yacht habe ich nicht, aber ein nettes kleines Häuschen, das meine Frau Betty und ich mühsam zusammengespart haben.

Leere, müde Augen blicken mich an. Was ist nur los mit mir? Was ist geschehen? Eigentlich ist alles okay ... eigentlich ... Wenn nur dieses ätzende Wort „eigentlich" nicht wäre ...

In den letzten Jahren ging es ständig bergab mit mir. Ich hatte keine körperlichen Schmerzen ... eigentlich ... Wieder dieses „eigentlich". Und doch ging es mir die letzten zwei, drei Jahre immer mieser. Fragen schießen durch meinen Kopf. Manchmal weiß ich schon gar nicht mehr, wer ich bin. Natürlich weiß ich, dass ich Joe bin. Ich hab' schon noch alle meine Sinne beieinander!

Nein, ich frage mich, ob ich mein Leben richtig gelebt habe ... Ist das jetzt die berüchtigte „Midlife-Crisis", oder habe ich etwa ein „Burn-out"? Darüber habe ich schon einiges gelesen und hin und wieder im Bekanntenkreis davon gehört. Doch bevor ich mich bei irgendeinem Typen auf die Couch lege und weine wie ein Kind, muss ich das erst mal für mich selbst herausfinden.

Ich bin doch ein Mann und kein Mimöschen. Männer weinen doch nicht ... Oder doch? Immer wieder diese Fragen. Fragen, die mich verwirren und mir zu schaffen machen. Warum finde ich nur keine Antworten? Ich bin doch nicht dumm ...

Ich genoss eine gute Erziehung, war in der Schule einer der Besten, habe einen tollen Job und bin politisch aktiv. Ich kann zu vielen Themen etwas beisteuern, und meine eloquente Art kommt recht gut an. Oder bilde ich mir das alles nur ein? Meine Familie, meine Geschäftspartner, ob die Leute nah an mir dran oder entfernte Bekannte sind, stets pflege ich ein gutes Verhältnis zu ihnen.

Doch in den letzten Jahren machte sich bei mir der Eindruck breit, dass das alles nur eine große Maskerade ist, ein trügerischer Schein, der in einem anderen Licht betrachtet gar nicht so strahlt.

Wie gesagt, „eigentlich" hätte ich nicht den geringsten Grund gehabt zu jammern. Gut, Sorgen und Streit gibt es auch in meinem Leben. Das ist doch normal. Aber Probleme, wie andere sie haben, hatten wir „eigentlich" nicht. Meine kleine Unternehmensberatung läuft recht gut und unser Haus ist fast abbezahlt. Betty musste nicht arbeiten. Darauf hatte ich immer bestanden, denn ich wollte für sie nur das Beste. Schließlich war ich der Mann, der für alles sorgte.

1 – Ernüchterung

Jetzt hör ich mich ja schon an wie ein Macho. Nein, Machos lassen für sich arbeiten. Also war ich kein Macho. Doch irgendwie hatte ich Betty gegenüber ein schlechtes Gewissen. Ich wusste zwar nicht warum, aber in der letzten Zeit hatte ich gespürt, dass sie nicht mehr so glücklich war.

Hatte sie einen Grund, unglücklich zu sein? Sie hatte einen Mann, der hart arbeitet, gutes Geld verdient, angesehen ist, gute Umgangsformen hat und mit dem man sich nicht schämen muss. Gerade ertappe ich mich dabei, Lobeshymnen über mich zu verfassen.

Wenn nun alles so toll und prima war, weshalb stand ich dann da und schaute mich fragend an? Weshalb quälten mich manche Fragen so? Warum wusste ich nicht mehr, wie sich Betty fühlte? Ich kannte mich selbst gar nicht mehr. Hatte ich mein Leben vergeudet? Oder hätte ich mein Leben ganz anders gestalten sollen? Warum war ich so misstrauisch geworden?

Hin und wieder stelle ich fest, dass ich sehr gereizt bin. Manchmal werde ich sogar laut, was ich eigentlich gar nicht sein will. Was ist nur los? Wäre ich eine Frau, würde ich vermuten, dass es die Wechseljahre sind.

Ja, das wäre wohl zutreffend. Meine große Schwester Selma hatte auch mal so eine schwierige Phase. Sie nannte das „Hormonumstellung". Aber mit so etwas kenne ich mich nicht aus. Ich bin ein Mann.

Bis vor kurzem dachte ich, ich sei ein richtiger Mann. Aber nur bis vor kurzem. Manchmal spüre ich mich gar nicht mehr richtig und frage mich, ob ich wirklich ein richtiger Mann bin. Ich beobachte, wie ich andere Männer beobachte. Bin ich etwa krank? Muss ich doch zu einem Seelenklempner? Nein, das ist nur was für Weicheier und Warmduscher. Aber nicht für Joe!

In der letzten Zeit haben mich viele angesprochen. Sie wollten wissen, was mit mir los sei. Aber das geht keinen etwas an. Verlegen grinste ich die Leute an und meinte mit gequältem Gesichtsausdruck: „Passt schon! Alles bestens!" Doch man hat mir wohl angesehen, dass dem nicht so war.

Habe ich mich denn so verändert? Ich verhalte mich wie all die Jahre zuvor. Immer diese Fragen! Sie machen mich ganz unsicher und quälen mich. Angst kannte ich in meinem Leben eigentlich nicht. Und nun habe ich Angst davor, Angst zu haben. Lächerlich! Und das bei einem erwachsenen Mann! Ich muss unbedingt herausfinden, was los ist. Ich brauche Antworten und eine Auszeit!

Ich vereinbarte mit Betty einen Deal. Ich musste wieder zu mir finden und in mich hineinhorchen. So konnte es nicht weitergehen. Also machte ich mit Betty aus, dass ich mir ein paar Tage in den Schweizer Bergen gönnen würde.

Martin, mein Teilhaber, organisierte für mich eine kleine Hütte, in der es Strom und fließendes Wasser gab. Das reichte. Betty hätte eigentlich mit ein paar Freundinnen ein Wochenende in Paris verbringen wollen. Doch erst mal war ich an der Reihe. Immer ich zuerst – fällt mir gerade auf. Warum ließ ich Betty nicht zuerst nach Paris fahren und würde dann später in die Berge gehen?

Betty kannte mich sehr gut. Wir waren schon knapp 20 Jahre zusammen, 18 davon verheiratet. Sie war meine Traumfrau. Ob sie es immer noch ist? Ich weiß es nicht. Als ich ihr meinen Entschluss mitteilte, alleine in die Berge zu gehen, schaute sie mich mit traurigen Augen an. Sie spürte, dass etwas in mir vorging. Ich glaube, sie konnte in mein Herz sehen.

1 – Ernüchterung

Als sie in meine müden Augen schaute, sah sie viel mehr als jeder andere Mensch. Wenn ich mir schon eine Auszeit nahm, musste es dafür einen ernsthaften Grund geben. Diesen Grund wollte ich herausfinden, ohne Arzt oder Seelenklempner, aber auch ohne Betty und Kinder.

Meine Reisetasche stand im Flur. Martin versprach mir, sich um die Firma zu kümmern. Ich konnte ihm vertrauen. Ob er wohl froh war, dass ich wegging? Wollte er mal freie Bahn haben? So ein Quatsch! Jetzt misstraue ich meinem besten Freund. Ansatzweise hatte ich ihm meinen Zustand erklärt, aber in vielen Punkten verharmlost. Aber ich spürte, dass er mich durchschaut hatte. Das war mir natürlich nicht so recht. Ich mochte es nicht, wenn Menschen hinter meine Fassade blickten. Das war schließlich mein Leben und mein Leiden. Das ging niemanden etwas an.

Als Martin und ich am Abend zuvor auf ein Bierchen rausgegangen waren, redete er ziemlich eindringlich auf mich ein. Er quasselte irgendwas von Gott und Jesus. Das konnte ich jetzt gar nicht gebrauchen. Ich bin ein nüchterner Mensch, der an das glaubt, was er sieht. An diesen Unsinn von Schöpfungsgeschichte muss man ja nicht zwanghaft glauben. Ich bin ein guter Mensch, habe meine Frau und meine Kinder noch nie geschlagen, spende für gute Zwecke und zahle meine Kirchensteuer. Ich bin ein guter Christ. Wobei ich mir gar nicht so sicher bin, ob es Gott bei all dem Elend auf dieser Welt überhaupt gibt. Aber das sollten jetzt nicht meine Sorgen sein. Wenn es tatsächlich einen Gott geben sollte, würde er nicht viel an mir auszusetzen haben. Und wenn es ihn nicht gäbe, dann wäre mir das auch egal.

Hauptsache, ich bin ein guter Mensch. Aber bin ich das überhaupt? Wieder diese Selbstzweifel, das zermartert das Gehirn! Martin meinte es gut mit mir. Er hatte wohl gesehen, dass ich immer müder geworden war, und sah meine leeren Augen und alles, was an mir nicht stimmte. Das war eines der schlimmsten Dinge für mich, wenn man mir alles ansah. Was denken die Leute nur über mich?

Das Gespräch mit Martin vom Vorabend ging mir an die Nieren. Es hatte mich sogar wütend gemacht. Wie konnte man nur so engstirnig sein? Ich entgegnete ihm, dass doch letztendlich egal sei, an wen man glaube, an Buddha, Mohammed oder an sich selbst. Hauptsache, man glaubt überhaupt an etwas. Ich mag diese religiösen Fanatiker nicht, die immer darauf beharren, dass nur sie die Wahrheit kennen. Ich schätze Martin sehr. Er ist ein toller Geschäftspartner und Freund. Doch diese Eigenschaft konnte ich nicht ausstehen. Nach ein paar Bierchen hatte ich ihm das auch gesagt. Sprüche wie „Du bist ja schlimmer als die Zeugen Jehovas!" oder „Geh mal zum Arzt!" waren noch harmlos. Das passte alles zu meinem Leben. Ich hatte sogar geschafft, die letzten Freunde noch zu verärgern. Trotzdem hatte ich am Tag darauf eine gewisse Art Genugtuung gespürt. Das musste einfach mal gesagt werden.

Mein Handy riss mich aus den Gedanken. Auf dem Display stand „Martin". War er sauer? Kündigte er mir jetzt die Freundschaft? Ein komisches Gefühl machte sich in meiner Magengegend breit. Ich ging ran. Zu meiner Verwunderung war er sehr gut drauf. Jedoch entschuldigte ich mich nicht, denn ich hatte keine Veranlassung dazu gesehen. Er wollte mir nur noch alles Gute wünschen. Den Schlüssel und die Adresse hatte er mir schon am Vorabend gegeben. „Gottes Segen!", rief er noch in den Hörer und gab mir nicht mal mehr die Zeit, etwas zu sagen. Er hatte einfach aufgelegt.

„Gottes Segen!" Wie lächerlich hört sich das denn an? Ich bin ein erwachsener Mann, der mitten im Berufsleben steht, aufgeklärt ist und schon eine Menge erlebt hat. „Gottes Segen!" Das hört sich ja total peinlich an.

Während ich mich noch darüber aufregte, kam Betty auf mich zu und nahm mich in den Arm. Sie drückte ihren warmen, schlanken Körper an mich ran. Eigentlich war sie eine tolle Frau. Nie fiel sie mir in den Rücken, akzeptierte oft nach wenigen Widerständen meine Entscheidungen und trug alles mit viel Liebe und Kraft. *Soll ich wirklich ein paar Tage wegfahren?*, schoss es mir durch den Kopf. *Meine Frau braucht mich.* So habe ich schon lange nicht mehr gedacht und gefühlt. Gefühle! Die hatte ich ja schon lange nicht mehr, jedenfalls keine angenehmen. Angst und Wut hatte ich sehr oft in den letzten Jahren gefühlt, zu oft.

Deshalb stand ich ja nun hier. Deshalb wollte ich ja in die Berge flüchten. Was heißt hier flüchten? Es war ja keiner hinter mir her. Ich hatte keine Feinde, und meine Steuern und Rechnungen habe ich stets gewissenhaft bezahlt. Niemand jagte mich. Und dennoch fühlte ich mich in die Ecke gedrängt.

Es war Montagvormittag. Tim, 16 Jahre, und Stefanie, 14 Jahre, waren in der Schule. Sie wussten nicht genau um meine Verfassung, aber sie spürten es. Ich bat meine Frau, den Kindern zu sagen, dass ich für ein paar Tage geschäftlich unterwegs sei. Sie sollten sich nicht unnötig Sorgen machen und nicht schlecht von ihrem Vater denken. Betty war das nicht recht. Doch ich bestand auf diese kleine Notlüge. Nur sie und Martin wussten von meinem Abenteuer. Eigentlich verrückt, zu Hause wartete eine Menge Arbeit und ich fuhr in die Berge. Doch ich fühlte, dass ich es tun musste. Ich spürte, dass es mein Leben verändern würde.

Betty fing an zu weinen. Ich konnte sie kaum trösten. Ich wusste nicht, wie ich ihrem weinenden Gesicht begegnen sollte. Es rührte mein Herz an. Ich schluckte und nahm meine Tasche in die Hand. Nein, sie sollte meine Tränen nicht sehen. Ihr Joe ist ein harter Bursche, der nur mal eine schlechte Phase hat. Verdammt lange hielt diese Phase nun schon an, fast drei Jahre. Ich musste gehen, bevor mir die Tränen übers Gesicht laufen wollten.

Ich küsste Betty flüchtig und verabschiedete mich. Mir riss es fast das Herz aus der Brust. Ich zeigte es nicht, aber Betty fühlte es. Dann sah ich ihr hinterher, stieg ins Auto und fuhr los. Ich sah sie im Spiegel und winkte ihr zu. Immer kleiner wurde sie in diesem kleinen Innenspiegel. Meine Tränen hatten nun freien Lauf. Die Reise konnte beginnen. Was würde mich erwarten? Würde ich finden, was ich suchte? Was suchte ich überhaupt?

Der Berg der Wahrheit wartete auf mich, die Reise zur Wahrheit nahm ihren Lauf. Ich spürte, dass ich nie wieder der sein würde, der ich war, als ich zu Hause wegging.

Ich spürte die Veränderung, die bereits beim Abschied begann. Ich war bereit, für die Wahrheit zu kämpfen und für das, was ich liebte. Es schien, als würde mich eine unsichtbare Hand führen. Wie ferngesteuert gab ich die Adresse in mein Navigationsgerät ein.

Ich hatte ein Ziel, bei dem ich darauf hoffen konnte, mich selbst und den Sinn meines Lebens zu finden!

2 – Die Reise

Gedankenverloren saß ich hinter dem Lenkrad meines Traumautos, einem großen, schwarzen Geländewagen. Schon als Kind hatte ich von solchen Autos geträumt. Jetzt hatte ich eins, das ich mein Eigen nennen durfte. Ich hatte mir viele Träume erfüllt. Ich hatte eine Traumfrau, tolle Kinder, ein Traumhäuschen und einen tollen Job. So gesehen gab es keinen Grund zur Klage. Doch eine Frage blieb: Wer bin ich? Es war immer wieder die gleiche Frage, die sich in den letzten Wochen hochgeschaukelt hatte.

Meine Tränen trockneten und ich fasste mich langsam wieder. Bin ich jetzt so ein Sensibelchen geworden? 400 Kilometer Fahrt lagen vor mir. Landschaften huschten an mir vorbei. Immer wieder schielte ich in die Gesichter von Passanten, die auf den Straßen herumliefen. Mir fiel auf, wie wenig die Menschen lachten. Kaum zufriedene Gesichter.

War das meine Einbildung, weil es mir selbst nicht gut ging? Oder war es eine Tatsache? Martin hatte immer diverse Gründe und Schlussfolgerungen für solche Zustände. Aber ehrlich gesagt: vieles, was er sagte, ging zum einen Ohr rein und zum anderen wieder raus. Seine ständigen Bibelzitate und Geschichten über Jesus waren nichts für mich. Für Kinder mag das eine gute Sache sein. Die lieben ja Märchen. Ich steh' aber nicht auf

Märchen. Fakten müssen auf den Tisch, und außerdem muss ich die Dinge anfassen und sehen können.

Betty schien in letzter Zeit von Martins Theorien und Hirngespinsten begeistert zu sein. Eines Tages fragte sie, ob sie einen Hauskreis gründen könne. Ich wäre fast ausgeflippt. Ein dutzend religiöser Spinner in unserem Häuschen? Nein! Ich erklärte Betty, dass wir unseren Ruf verlieren würden. Wir hätten eine gut florierende Firma und seien auf unsere Kunden angewiesen. Wenn es sich herumspräche, dass wir bei uns religiöse Versammlungen abhielten, würden wir am Ende noch als Sektenmitglieder verschrien werden. Nein, da hätte ich meine Firma ja gleich dichtmachen können. Ich legte ihr ans Herz, sie könne ihren Glauben so leben, wie sie wolle, aber sie solle mich und die Kinder aus dem Spiel lassen. Und sie dürfe nie vergessen, dass wir eine Firma haben, die davon lebt, dass wir die angesehenen Leute sind, für die wir gehalten werden. Sie hat es akzeptiert und sich untergeordnet. Das Ganze ist nun schon ein halbes Jahr her.

Zum ersten Mal seit damals fragte ich mich nun, ob sie wohl darunter gelitten habe. Das wollte ich doch gar nicht. Ich wollte nur das Beste für unsere Familie. Ausgerechnet Martin, mein bester Freund, hatte mir diese Suppe eingebrockt.

Eine Hupe riss mich aus den Gedanken, als ich wie apathisch vor einer grünen Ampel stand und dadurch einen kleinen Stau verursachte. Wild gestikulierend fuhr ich weiter, ohne es zu verpassen, meinem Hintermann ein paar weniger freundliche Worte durch die offene Scheibe zuzuwerfen.

Auch das war vor ein paar Jahren noch nicht so. Man hörte mich kaum schreien, jemanden beleidigen oder

2 – Die Reise

gar fluchen. Nein, diesen Anstand hatte mir mein Vater vermittelt. Auf einmal dachte ich an meinen alten Herrn. Er war vor drei Jahren an einem Herzinfarkt gestorben. Er war einfach so beim Rasenmähen zusammengebrochen und binnen Minuten nicht mehr unter uns. Ich hätte ihn noch so viel fragen wollen. Für so vieles hätte ich mich noch entschuldigen wollen und noch manchen Rat gebraucht.

Wieder füllten sich meine Augen mit Tränen. Was hatte das Ganze denn eigentlich für einen Sinn? Vater hatte 45 Jahre für seine Familie geschuftet und nach nur wenigen Jahren im Ruhestand war er einfach so gestorben – ohne Ade zu sagen oder Auf Wiedersehen zu flüstern!

Das hört sich jetzt vielleicht etwas komisch an, aber ich habe es ihm übel genommen, einfach so zu gehen! Ich hätte ihn noch so sehr gebraucht. Besonders nach einigen Unstimmigkeiten, als ich es mal wieder nicht für notwendig gehalten hatte, nachzugeben und mich zu entschuldigen. Aber es war zu spät. Kein Sterbeszenario an einem Krankenbett, wo noch mal alle kommen, um Adieu zu sagen und reinen Tisch zu machen. Nein, Dad ging einfach so. Mein geliebter Vater war nach 39 Jahren ohne großen Abschied aus meinem Leben gegangen. Einfach weg.

Tränen liefen über mein Gesicht. Jahrelang konnte ich nicht weinen. Aber jetzt umso mehr. Die Zeit verging wie im Flug. Mein Leben raste an mir vorüber und mein Ziel in den Schweizer Bergen rückte immer näher.

Langsam schlängelte sich mein Geländewagen die Serpentinen hoch. Was für eine tolle Landschaft. Keine einzige Wolke. Der Himmel strahlte. Wenn nur meine Seele auch so strahlen könnte! Immer wieder kam ich an kleinen Bergseen vorbei. Was für ein paradiesischer Anblick! Plötzlich kam mir dieser Gedanke: Gab es ein Paradies? Oder ist das nur ein Märchen? Wenn es ein Paradies gäbe, dann würde es bestimmt so aussehen wie hier.

Ich war tief beeindruckt von der unfassbaren Schönheit der Natur. Martin hätte jetzt gesagt: „Welch ein gigantischer Zufall! Hat das alles der Urknall gemacht? Einfach so?" Tja, Martin konnte schon manchmal nerven, aber immer wieder brachte er mich auch zum Nachdenken.

Mir fiel auf, dass ich ziemlich alleine unterwegs war. Kein einziges Fahrzeug kam mir entgegen. Ich war völlig allein. Nur noch wenige Kilometer bis zu meiner Hütte. Ich musste mein Auto abstellen und die letzten Meter zu Fuß gehen.

Noch einen Kilometer. Martin hatte es mir genau beschrieben. Ich konnte mich auf alles verlassen, was er mir sagte. Aber diese vielen Fragen quälten mich. Ich habe mir bei so vielen Dingen im Leben keine Gedanken gemacht. Ich lebte einfach so vor mich hin. Aber seit fast drei Jahren ging es mir nun schon so dreckig. Ich kenne meinen Wert nicht mehr und frage mich nach dem Sinn des Lebens. Ich mache mir Gedanken um mein Mannsein und um alle möglichen Dinge.

Auf einmal kam mir alles so idiotisch vor. Warum sollte ich in einer einsamen Hütte auf einem abgelegenen Berg alle Antworten auf meine Fragen und Frieden für meine Seele finden? Martin hatte es mir empfohlen. Obwohl wir öfter mal Meinungsverschiedenheiten hatten, vertraute ich seinem Rat. Er kannte ja auch meine Begeisterung für Einsamkeit und Abgeschiedenheit. Als

Junge war ich völlig fasziniert von dem Film „Der Highlander". Damals brannte tief in meinem Herzen die Sehnsucht, so zu sein wie jener Held. Mutig sein, Abenteuer erleben und ein Held sein! Und das alles jetzt und hier inmitten dieser herrlichen Landschaft!

Während ich die letzten Meter zur Hütte zurücklegte, spürte ich diese Sehnsucht wieder in mir. Hier gehöre ich hin, hier werden meine Sehnsüchte gestillt, hier bin ich der Abenteurer und Held, der ich immer sein wollte. Ich sah die Hütte. Langsam kristallisierte sie sich aus dem Nichts heraus und wurde immer größer, bis ich vor ihr stand. So groß war sie nun nicht, aber für das, was ich vorhatte, genügte es. Allein sein, zur Ruhe kommen und auf etwas warten, von dem ich nicht wusste, was es war. Vielleicht ein Gefühl? Ich kann es nicht beschreiben.

Ich wusste, dies ist der Ort, an dem die Wahrheit ans Licht kommen würde. Ich kann diesen Zustand nicht beschreiben. Ich spürte förmlich, wie der Abenteurer in mir erwachte. Weg waren alle Gedanken an die Firma. Nur noch ich, der Berg und die Hütte.

Ich war bereit für die Wahrheit und bereit für das Unfassbare, obwohl ich nur an das glaubte, was ich sehen und anfassen konnte. Aber ich war bereit für das Unfassbare. Und das sollte nun seinen Lauf nehmen.

3 – Die Einsamkeit

Langsam und mit leichtem Zittern steckte ich den Schlüssel ins Schlüsselloch. Das Schloss klemmte ein wenig. Ein kleiner Stoß mit der Schulter und ich war drin. Ich stand inmitten eines kalten, einfachen Zimmers. Die Tasche stellte ich auf den Tisch. Erwartungsvoll blickte ich mich um. Keine Luxussuite, eher das Gegenteil.

Ich hatte einen Raum, ein „stilles Örtchen" und ein Waschbecken. Eine Dusche war weit und breit nicht zu sehen. Und die hätte ich nach der langen Fahrt dringend nötig gehabt. Kurzerhand machte ich eine kleine Bestandsaufnahme und registrierte, was ich alles hatte: eine Couch, einen Tisch mit zwei Stühlen, einen Schrank, eine Toilette, ein Waschbecken und einen offenen Kamin. Nun denn, für Romantik war jedenfalls gesorgt.

Wenn ich sonst in den Urlaub ging, musste ich in einem Hotel einchecken. Hier war alles anders. Ich war allein. Keiner begrüßte mich und niemand wollte meinen Ausweis sehen. Kein Bonbon zur Begrüßung und kein TV-Gerät. Nur Einsamkeit und Stille. Dazu das Nötigste, was ich brauchte. Ja, ich war mir ziemlich sicher: Alles, was ich brauchte, hatte ich.

Ich ging ums Haus und schaute mich um. Vor dem Haus war gehacktes Holz aufgestapelt. Weit und breit gab es kein Lebenszeichen. Nur ein einziger Weg führte zur Hütte. Auf dem war ich gekommen. Keine Straßen, keine Häuser, jedenfalls nicht in Sichtweite.

Ein Stück weiter oben lag Schnee, der in der Sonne wunderbar funkelte. Trotz des herrlichen Wetters war es kühl hier oben, genau wie meine Seele. Viele Veränderungen in meinem Herzen und der daraus entstandene Schmerz trieben mich auf diesen Berg. Schon komisch: Wäre es mir in den letzten Jahren nicht so schlecht gegangen, hätte ich diesen paradiesischen Anblick verpasst.

Ich schaute in die Sonne und schloss meine Augen. Eine Träne lief langsam über meine Wangen. Für einen Moment fühlte ich mich unendlich wohl. Wäre es doch immer so! Ich wischte mir die Träne von der Wange und machte mich daran, die Tasche auszupacken, die Betty liebevoll gepackt hatte.

Sie packte immer meine Sachen. Habe ich mich eigentlich je dafür bedankt? Oder ist das schon zur Selbstverständlichkeit geworden? Zwei Hosen, Pullis, Hygieneartikel, Handtücher, Waschlappen, Unterwäsche und Socken. Dann musste ich grinsen. Sie hatte mir auch Süßigkeiten eingepackt. Das war bestimmt eine tolle Abwechslung zu den Dosengerichten, die für mehrere Tage auf dem Speiseplan stehen sollten.

Dann entdeckte ich eine Tüte, in der ein Buch steckte. Vorsichtig nahm ich es heraus. Das konnte doch nicht wahr sein! Sie konnte es einfach nicht lassen! Eine Bibel lag in meiner Hand, aus der ein Brief ragte.

3 – Die Einsamkeit

Mein lieber Schatz,

wenn Du diesen Brief liest, vermisse ich Dich schon so, als wärst Du Jahre weg. Du bist mein Leben. Die Veränderungen in den letzten Jahren sind unerträglich geworden. Auch für mich und die Kinder. Seit dem Tod Deines Vaters bist du ganz anders, auch wenn Du das nicht so gesehen hast. Wunden sind in Dir aufgebrochen, und Fragen sind hochgekommen. Die Ohnmacht, keine Antworten zu haben oder zu bekommen, macht Dich müde und leer. Ich habe in den letzten Monaten zum Glauben an Gott gefunden. Ich hätte es mir so sehr für Dich gewünscht, aber selbst Gott kann Deine Liebe nicht erzwingen. Ich habe für Dich gebetet. Bitte sei mir nicht böse, dass ich Dir diese Bibel mitgegeben habe. Ich liebe Dich so sehr und sehe keine andere Hilfe, als dass Gott selbst Dir alles durch sein Wort erklärt und Dir Frieden schenkt.

Komm nun zur Ruhe, mein Schatz. Martin kümmert sich um die Firma. Die Kinder und ich freuen uns unendlich, wenn Du wieder nach Hause kommst.

Ich liebe Dich und bete für Dich,

Kuss, Deine Betty

Ich musste schlucken. Trauer, Wut, Freude. Alles vermischte sich. Am liebsten wäre ich irgendwie explodiert. Aber aus welchem Grund? Ich ging aus der Hütte raus, schaute mich um und fing an zu schreien. Ich sackte auf die Knie, verbarg mein Gesicht in den Händen und rief in die Stille: „Wenn es dich gibt, warum quälst du mich so, Gott? Warum hast du mir meinen Vater genommen? Warum bin ich kein richtiger Mann mehr? Warum fühle ich mich so einsam, wenn ich unter Menschen bin? Warum habe ich Angst? Lass mich endlich in Ruhe! Hör auf, mich zu quälen, oder zeig dich mir und hilf mir!"

Ich schluchzte, schob mich mit dem Rücken an die Hüttenwand und blickte zum Himmel. Nichts geschah. Mann, wie tief bin ich gefallen? Ich heule wie ein Kind und schreie wie ein Wahnsinniger in den Wald hinein.

Auf einmal bemerkte ich, dass ich Gott angeklagt hatte. Doch wie konnte ich jemand anklagen oder um Hilfe bitten, den es gar nicht gab? Ich hatte schon so viele Menschen angeklagt und mitbekommen, wenn andere es getan hatten.

Ich glaube nicht, dass es Gott gibt. Aber wenn etwas Schreckliches passiert, dann haben wir schnell einen Schuldigen: Gott. Irgendwie verrückt! Auch als mein Vater starb, klagte ich Gott an.

Gedankenverloren schaute ich in den Wald und hoffte, dass etwas Besonderes passierte. Ich meinte zu spüren, dass etwas Außergewöhnliches passieren würde. Doch dem war nicht so. Meine Wünsche und meine Sehnsüchte hofften auf etwas Besonderes, aber die Wahrheit sah anders aus. Mein Vater war tot und ich hätte noch einiges mit ihm zu klären gehabt.

Seit fast drei Jahren denke ich nun schon, dass ich wahnsinnig werde. Meine Ehe kriselt und ich empfinde keinerlei Selbstwert mehr. Hin und wieder kam der furchterregende Gedanke, dem Ganzen ein Ende zu setzen. Doch dann dachte ich an Betty und die Kinder. Das durfte ich ihnen nicht antun. Und dennoch empfand

3 – Die Einsamkeit

ich eine unfassbare Leere, in der mir alles unendlich sinnlos erschien. Ich hatte alles, doch der Sinn des Ganzen fehlte mir. Jeder Tag lief gleich ab. Keiner unterschied sich vom anderen. Es gab nichts mehr, was mich antrieb, gar nichts.

Auf der Welt verhungern Millionen von Menschen! Überall Elend und Kriege! Andere hätten wirklich Grund zu klagen, aber ich doch nicht! Und dennoch fühlte ich mich traurig und leer wie nie zuvor in meinem Leben. Ich fühlte mich unbeschreiblich wertlos. Aber was gibt denn einem Menschen seinen Wert? Seine Familie? Beruf oder Freunde? Wer hat mir meinen Wert gegeben, und wer hat ihn nun wieder weggenommen? Könnte es sein, dass der Tod meines Vaters schuld daran war? Dass mit seinem Tod auch mein eigener Wert genommen wurde?

Fragen über Fragen und keine Antworten in Sicht. Wenn ich keinen Wert mehr habe, kann ich ja gehen, für immer. Dinge, die keinen Wert mehr haben, wirft man weg. Man entsorgt sie oder lässt sie links liegen. Nur Dinge, die einen Sinn haben, sind wertvoll. Aber worin lag der Sinn meines Lebens?

Ich machte mich auf, Holz in die Hütte zu tragen. Ich wollte es mir richtig gemütlich machen. Ich finde, es hat immer eine besondere Bedeutung, wenn ein Mann am Feuer sitzt. Als Kind liebte ich es sehr, wenn wir am Lagerfeuer saßen und alte Lieder sangen. Am schönsten war es, wenn die Älteren Gruselgeschichten erzählten.

Wie gerne hätte ich jetzt hier mit Dad und meinem Sohn Tim gesessen! Drei Generationen von Männern am Feuer. Das hat was. Warum hab ich das eigentlich nie gemacht? Warum sind wir vor Jahren nicht einfach losgezogen und haben zusammen Abenteuer erlebt?

Jetzt, wo Papa weg war, spürte ich plötzlich den Wunsch danach.

Das Feuer brauchte ein wenig, bevor es richtig zum Leben erwachte. Das Holz war feucht, aber nach einigen Anläufen brannte es. Ich schaltete das Licht aus und genoss den Schein des Feuers. Langsam kam Wärme in die Hütte.

Ich begab mich zu meinem kleinen, schnuckeligen Waschbecken und unterzog mich der Körperhygiene. Was hätte ich jetzt für eine Badewanne oder eine Dusche gegeben? Aber Milliarden Menschen haben diesen Luxus nicht. Mir wurde klar, wie wertvoll die Dinge des Alltags sein können. Wir wissen sie gar nicht mehr zu schätzen.

Wertvoll! Wertvoll! So schoss es mir durch den Sinn. Ich bezeichnete eine Badewanne als wertvoll und mich selbst überhaupt nicht. Ich lächelte. Also wertvoller als eine Badewanne müsste ich doch noch sein! Und wenn nicht für mich selbst, dann doch für meine Familie. Ich denke, dass sie mich mehr lieben als unsere Badewanne.

Nachdem ich mich wieder gefangen hatte und annehmbar duftete, zog ich mir frische gemütliche Klamotten an. Dann störte ein leichtes Knurren die friedliche Stille. Mein Magen hatte sich gemeldet. Ich beschloss, dieses Knurren mit einer Dose Ravioli zu besänftigen.

Neben dem Kleiderschrank gab es ein paar Schubladen mit Proviant und Geschirr. Auf einer kleinen Arbeitsplatte daneben waren zwei Kochplatten. Früher hatte ich so was bei armen Leuten gesehen.

Für mich reichte es. Ich hatte alles: ein Dach über dem Kopf, eine Couch, WC, Wasser, etwas zu essen und mein Feuer. Alles war perfekt. Nachdem ich ein leckeres

3 – Die Einsamkeit

Mahl eingenommen hatte, schob ich die Couch ans Feuer. Gemütlich warf ich mich darauf und kam jetzt langsam zur Ruhe. Die Fahrt, die emotionalen Ausbrüche und quälenden Fragen hatten mich ziemlich müde gemacht.

Schlafen konnte ich jedoch nicht. Irgendetwas fehlte. Ich wusste sofort, was es war: Bettys Süßigkeiten oder ein kleiner Nachtisch. Ich schwang mich vom Sofa und schnappte nach der Tasche mit den Leckereien.

Zufrieden legte ich mich wieder auf die Couch und blickte in die Flammen, den Mund voller Schokolade. Wunderschön! Diese Farben und dieses beruhigende Knistern. Ich fühlte mich wohl und nicht einsam, obwohl ich alleine war. Ich konnte es mir kaum erklären.

Wie gebannt starrte ich ins Feuer. Gedanken kamen und gingen. Ich dachte an meine Familie. Mein Vater erschien immer wieder vor mir. Sein sanftmütiges Lächeln, seine harten Gesichtszüge. Ich sah seine von schwerer Arbeit geplagten Hände, die mir so oft geholfen hatten. Martin kam mir in den Sinn und wie hart er in letzter Zeit um mich gekämpft hatte. Doch je mehr er mir von Gott erzählt hatte, desto weiter hatte er mich von ihm weggetrieben. Aber vor wem konnte er mich davontreiben, wenn es ihn doch gar nicht gab? Ich dachte an unsere Kinder, mit denen es in letzter Zeit nicht gerade einfach war. Die Pubertät ist wirklich nichts Angenehmes. War ich damals auch so schwierig?

Das beruhigende Knistern des Feuers, die Wärme und die Anstrengung des Tages machten meine Augen müde. Ich nahm nochmals den Brief von Betty zur Hand und las ihn erneut durch. Keine Wut mehr, nur Dankbarkeit und Sehnsucht erfüllten mich.

Wann hatte ich Betty zum letzten Mal für etwas gedankt? Wann hatte ich zuletzt Sehnsucht nach ihr? Was ist überhaupt Sehnsucht? Wer hat dieses Feuer der Sehnsucht entfacht? Wer war der Brandstifter?

Die letzten Zeilen von Bettys Brief waren: „Ich bete für Dich!" Obwohl ich von Gott nichts wissen wollte und nicht an seine Existenz glaubte, war ich dennoch dankbar zu wissen, dass sie für mich betete. Es zeigte mir, dass ich wertvoll für sie bin. Sie sorgt sich um mich.

Ein wohliges Gefühl machte sich in meinem Körper breit. Ich griff zur Bibel, die auf dem Tisch lag. Betty hatte einige Stellen markiert.

„Kommt her, alle, die ihr müde und beladen seid, ich will euch erfrischen." Wow! Müde war ich und beladen auch. „Bittet, so wird euch gegeben werden. Suchet, so werdet ihr finden." Um Antworten hatte ich gebeten, und auf der Suche war ich auch.

Ich wusste nicht, dass solche Dinge in der Bibel standen. Ich dachte, das seien alles alte verstaubte Geschichten. In den nächsten zwei Stunden las ich einiges über Jesus. Trotzdem schien mir alles ziemlich abenteuerlich und märchenhaft. Ich dachte, wenn man halt daran glaubt, kann es einem schon etwas bringen. Eben dieser klassische Placebo-Effekt.

Mit einigen sanften und beruhigenden Worten, die ich zum ersten Mal in der Bibel las, schlief ich langsam ein. Draußen hatte die Nacht den Tag schon längst überwältigt.

Mit letzter Kraft stammelte ich ein paar Worte vor mich hin: „Betty, Tim, Steffi, Mum und Dad, ich liebe euch, ich liebe euch. Gott, wenn es dich wirklich gibt, dann hilf mir bitte! Du hast es versprochen. Wer bittet, der empfängt. Falls es dich gibt, hilf mir bitte!"

So sank ich immer tiefer in die Ohnmacht des Schlafes, bis ich vollkommen in einer anderen Welt war. Meine erste Nacht auf meinem Berg in der Einsamkeit. Eine Nacht, die ich niemals vergessen werde.

Während ich geborgen in meiner Hütte vor dem Feuer lag, herrschten draußen die Tiere der Nacht. Hier ein Rascheln, da ein Knistern. Sträucher bewegten sich wie von Geisterhand.

Drinnen spiegelte sich der Schein des Feuers auf meinem Gesicht. Ich schlief ruhig und fest. Plötzlich rissen mich drei laute und dumpfe Schläge aus meinem Schlaf. Inmitten dieser Einsamkeit und Stille, fernab von jeder Straße, klopfte es mitten in der Nacht auf einmal an meiner Tür!

4 – Der Besuch

Blitzschnell schreckte ich hoch und reckte meinen Kopf in alle Richtungen. Mir fehlte jegliche Orientierung. Binnen weniger Augenblicke wusste ich wieder, wo ich war, hechtete über das Sofa und blieb mit meiner linken Brustseite an der Tischkante hängen. Ich schrie auf, ging kurz in die Knie, rappelte mich jedoch rasch wieder hoch und ging zur Tür.

Tausend Gedanken schossen durch meinen Kopf. Wer könnte das sein? Mein Handy lag im Wagen. Im Notfall konnte ich keine Hilfe holen. Schweiß sammelte sich auf meiner Stirn, meine Rippen schmerzten und mein Herz pochte bis zum Hals. Angst überkam mich. Ich hatte wirklich Angst vor dem Ungewissen und dass mich jemand ausrauben und töten könnte. Immer wieder hatte ich in den letzten Monaten daran gedacht, mir das Leben zu nehmen. Aber jetzt, wo das ein anderer machen könnte, überfiel mich große Furcht.

Ich fasste mich wieder und konzentrierte mich auf meine Stimme, damit sie nicht ängstlich klang. Ich schielte kurz aus dem Fenster, aber ich sah niemanden. Hatte ich etwa geträumt oder war das Einbildung?

„Wer ist da?", rief ich mit kräftiger und tiefer Stimme. Nichts. Stille umgab mich. Mir fiel auf, dass selbst die Tiere still waren. Ich öffnete die Tür einen Spalt weit und blinzelte hindurch. Auf einmal tauchte aus dem Dunkel ein Gesicht auf. Vor Schreck kippte ich einen Meter zurück. Mein Herz raste. Ich suchte nach einem Gegenstand, einer Waffe. Dann nahm mir eine freundliche Stimme die erste große Angst.

„Oh, verzeihen Sie! Ich wollte Sie nicht erschrecken." Mit diesem Satz kam der Fremde auf mich zu. Ich lag immer noch auf dem Boden und er stand vor mir. Ein Eindringling. Im faden Licht des Feuers musterte ich ihn. Dann reichte er mir die Hand. Sie war kräftig und warm. Obwohl es draußen bitterkalt war, fühlte sich seine Hand sehr warm an. Er half mir auf.

„Wer sind Sie?", brachte ich zögerlich hervor. Mein Puls fuhr langsam wieder herunter.

„Bitte haben Sie keine Angst", begann er zu erzählen. „Ich streifte mit meinem Vater durch die Wälder, als wir Schreie hörten, die sich ziemlich verzweifelt anhörten. Mein Vater schickte mich los, um zu helfen. Es brauchte einige Zeit, bis ich mich durch dieses unwegsame Gelände geschlagen hatte. Und nun bin ich hier, um zu schauen, ob alles okay ist und ob ich eventuell helfen kann. Brauchen Sie meine Hilfe, Joe?"

Er kannte meinen Namen! Wann hatte ich ihn erwähnt? Konnte er hellsehen? Träumte ich oder war ich im falschen Film? „Woher kennen Sie meinen Namen?", fing ich an zu stottern. Er lächelte und schaute mich mit einem durchdringenden Blick an. Noch nie hatte mich ein Mensch so angesehen. Ich kann nicht beschreiben, wie ich mich fühlte.

Also ich gehöre nicht zu den Typen, die sich für Männer interessieren. Ich bin ein richtiger Mann. Aber mein Gegenüber war mir unheimlich. Es ging zwar keine Gefahr von ihm aus, aber etwas Unheimliches ging hier vor sich. Woher kannte er meinen Namen?

4 – Der Besuch

„Oh", sagte er freundlich. „Ihre Tasche dort auf dem Tisch. Auf dem Namensschild steht Joachim. Und Joachims werden doch immer Joe genannt, oder?"

Ich musste lachen. „Und ich dachte schon, Sie wären ein Hellseher oder Wahrsager."

Mit eindringlicher und sanfter Stimme meinte er: „Nein, Wahrsagerei und Hellseherei mag ich nicht."

Komische Antwort, dachte ich mir. Ich schnappte mir einen Stuhl und setzte mich. Meine Rippen schmerzten. Dem Fremden bot ich meinen zweiten und letzten Stuhl an. Er nahm dankend an und setzte sich zu mir.

Da saß ich nun nachts auf einem Berg mit Schmerzen in der Brust, und mir gegenüber saß ein seltsamer Fremder. Ich musterte ihn: Er war ungefähr Ende 20 oder Anfang 30, kräftig gebaut, hatte braunes Haar und stahlblaue Augen. Er trug eine Jeans und einen dicken braunen Pullover, keine Jacke, aber dafür feste Wanderschuhe.

„Was machen Sie denn in dieser Einsamkeit?", fragte ich ihn.

„Meinem Vater und mir gehört der Wald. Wir besitzen sehr viel Grund und Boden und haben hier nach dem Rechten geschaut, wie jeden Tag, bis wir Ihre Schreie hörten. Was ist los mit Ihnen?"

Jetzt brachte er mich in Verlegenheit. Was sollte ich sagen? Dass ich Selbstmordgedanken hatte oder dass ich seit drei Jahren nicht mehr weiß, wer ich bin und was ich fühle? Nein, das ging niemand was an.

„Manchmal tut es gut, sich einem anderen anzuvertrauen", sagte er mitten in die Stille. Verlegen kratzte ich mich am Hinterkopf. „Haben Sie starke Schmerzen?"

„Nein, nein. Das mit der Rippe geht schon wieder. Ich habe mich gestoßen, als Sie anklopften."

„Das meinte ich nicht, ich meinte Ihre Seele", konterte er.

Jetzt hatte er mich getroffen. Was bildete der sich ein? Nur weil ihm der Wald gehörte und er zu den reichen Leuten gehörte, musste ich ihm doch nicht Rede und Antwort stehen. Ich kannte diesen Typen nicht. War er ein Seelendoktor? Oder hatten etwa Betty und Martin das Ganze arrangiert?

„Meine Seele geht niemand etwas an. Wie kommen Sie eigentlich dazu, nach meinem Seelenheil zu fragen? Hat man Sie geschickt? Wer sind Sie denn, und was wollen Sie?", wurde ich allmählich lauter.

„Ich möchte Sie nicht verärgern. Mein Vater hat mich geschickt, was ich ja bereits erwähnte. Joe, Sie haben sehr traurige Augen, sind einsam auf einer Hütte und schreien einfach so in den Wald hinein. Da muss man doch kein Psychologe sein, um festzustellen, dass es Ihnen nicht gut geht!"

Da hatte er allerdings recht. Ich entschuldigte mich bei ihm. Wenn Betty und Martin hier gewesen wären, hätte ich mich bei ihnen auch gleich mit entschuldigt für meine Verdächtigungen. Irgendwie hatte ich das Gefühl, ihm vertrauen zu können. Ich war nicht der Typ, der sich bei anderen ausweinte. Nicht wie diese Schwächlinge, die ständig jammern und zu irgendwelchen Ärzten rennen. Doch dies war etwas anderes. Ich konnte den Fremden nicht einfach so wieder gehen lassen. Das wäre herzlos gewesen. Er war stundenlang durch den Wald gelaufen, um mir zu helfen.

„Möchten Sie eine Tasse Tee oder einen Kaffee?", fragte ich ihn. Er entschied sich für Kaffee. Das machte ihn noch sympathischer, denn ich trinke nur Tee, wenn ich krank im Bett liege. Ansonsten trinke ich Kaffee. In letzter Zeit schmeckte Bier auch ziemlich gut, doch davon hatte ich keins hier. Bald saßen wir uns gegenüber, beide mit einer Tasse Kaffee in der Hand. Ich spürte, dass ich ihm absolut vertrauen konnte. Obwohl ich in den letzten Jahren so misstrauisch geworden war, spürte ich, dass ich diesem Mann die Wahrheit sagen konnte. Ich hatte nichts zu verlieren.

Wenn ich zu Hause zu so einem Psychodoktor gehen und dabei ertappt würde, was würden da nur die Leute sagen? Hier ging ich kein Risiko ein. Wir waren in der totalen Einsamkeit und 400 Kilometer von zu Hause weg.

Ich lehnte mich zurück, nahm einen Schluck aus meiner Kaffeetasse und begann zu erzählen. Er schaute mich an. Ich hatte sogar das Gefühl, dass er in mich hineinschaute. Es ist schwer, etwas zu beschreiben, was man noch nie erlebt hat oder was man nicht genau definieren kann.

Ein Friede lag auf der Hütte und mein Körper wurde ruhig. Mein Herzschlag hatte wieder seine normale Geschwindigkeit erreicht. Meine Stimme war gefasst. Ich schilderte dem Fremden meine aktuelle Lebenssituation. Ich hatte das Gefühl, dass sein Blick nicht eine Sekunde von mir wich. Mir war, als hätte der Himmel ihn geschickt.

Trotz aller Bedenken und Zweifel – irgendwie war das Ganze kein Zufall. Nach jahrelanger Quälerei treffe ich diesen Menschen. Wie groß ist die Wahrscheinlichkeit, dass man genau den Menschen trifft, den man braucht?

Zur passenden Zeit, bei sieben Milliarden Menschen, und dann auch noch hier in dieser gottverlassenen Gegend? Gottverlassen? Gab es Gott doch? Und wenn ja, hat er uns denn wirklich verlassen?

Während ich meine Situation schilderte, dachte ich an dieses seltsame Gefühl, das ich auf der Fahrt hatte, als ich gespürt hatte, dass etwas Besonderes passieren würde.

Ich wusste, dass Betty für mich betete, und bevor ich auf der Couch eingeschlafen war, hatte ich Gott um Hilfe gebeten. War das die Antwort auf alle Fragen? Oder träumte ich? Hatte ich mich in Wahrheit beim Sofasturz so schwer verletzt, dass ich tot und in einer anderen Welt war? Fragen über Fragen.

Doch je mehr ich erzählte und die Anwesenheit meines Gastes genoss, desto friedlicher wurde mein Inneres. Ich ließ mich fallen, verlor das Gefühl für Raum und Zeit und spürte, dass dies ein ganz besonderer Augenblick meines Lebens werden würde. Ich wollte ihn nutzen und die Chance ergreifen.

Also ließ ich meinem Herzen freien Lauf. Ich wusste, dass nach dieser Nacht nichts mehr so sein würde wie vorher. Die Nacht, in der sich mein Leben veränderte, war da, hier und jetzt. Ich setzte alle Hoffnungen auf einen Menschen, den ich nicht kannte und der mir so vertraute, als seien wir schon immer gute Freunde.

5 – Gefühlschaos

Ich redete mir alles von der Seele. Niemals zuvor habe ich mich einem Menschen so anvertraut wie diesem Fremden. Nicht mal meiner Frau Betty oder Martin. Ich erzählte die Geschichte meines Lebens einem Menschen, dessen Namen ich noch nicht einmal mal kannte: meine Fragen, der Verlust meines Selbstwertes, meine Ängste und meine Sorgen. Aber das Faszinierendste war, dass ich mir dabei überhaupt nicht albern vorkam. Sämtliches Misstrauen war weg, und mir war, als würde ich eine zentnerschwere Last ablegen.

Geduldig hörte der kräftige Mann zu. Sein Blick war atemberaubend, stark und liebevoll. Der Dreitagebart verlieh seinem Gesicht eine besondere Note. Vor mir saß ein Mann voller Stärke und mit einer unbeschreiblich gütigen Art. Nachdem ich mit meiner Erzählung zu Ende war, schaute ich ihn fragend an. Er gab mir einen Augenblick, um mich zu sammeln. Es schien, als wolle er mir Zeit geben, mich auf das vorzubereiten, was noch kommen würde.

Dann öffneten sich seine Lippen und er startete mit einem Satz, den ich mit Sicherheit nicht erwartet hatte: „Joe, was sind deine Lieblingsfilme?"

Ich schaute ihn verdutzt an. „Wie bitte?", fragte ich überrascht. „Was hat das jetzt mit meinen Problemen zu tun?"

Er sagte in sanftem Ton: „Du vertraust mir doch. Das spüre ich. Sonst hättest du mir niemals deine Geschichte erzählt. Also ich verspreche dir, dass du mir absolut vertrauen kannst. Also, was sind nun deine Lieblingsfilme?"

„Okay, wenn du meinst." Ich überlegte kurz. „Winnetou, Braveheart, Robin Hood, Gladiator und noch ein paar andere!"

„Was hast du empfunden, als Winnetou in den Bergen von einem Banditen erschossen wurde? Und wie hast du gefühlt, als Maximus in der Arena zu Boden sank und aus dieser Welt ging?"

Ich versuchte mich zu erinnern. „Ich war wütend. Kann sein, dass ich sogar weinte."

„Warum?", fragte mich der Fremde.

Ich atmete tief durch. „Weil der Held sterben musste. Das war ungerecht und hätte nicht sein dürfen."

„Glaubst du an Gott, Joe?"

„Nein!", schoss es aus meinem Mund. „Ach, ich weiß nicht. In den letzten Tagen sind einige Dinge passiert, die mich zum Nachdenken gebracht haben! Kann sein, dass es ihn gibt. Aber warum fragst du mich das?"

„Weil es diese Geschichte heute immer noch gibt, diesen Kampf zwischen Gut und Böse."

„Moment mal! Du willst mir doch jetzt nicht dieses Märchen von Gott und dem Teufel erzählen?"

„Nein, ich möchte dir keine Märchen erzählen. Bist du bereit, die Wahrheit zu akzeptieren, oder möchtest du darauf beharren, dass du selber alles weißt? Da du nach Antworten suchst, scheinst du die Wahrheit noch nicht zu kennen. Du solltest lernen, etwas anzunehmen, auch wenn es nicht deinen Vorstellungen entspricht. Die

Wahrheit richtet sich nicht immer nach dem, was du gerne hast oder wie es dir am besten passt. Bist du wirklich bereit, die Wahrheit anzunehmen, und mit dieser Wahrheit ein neues Leben zu beginnen?"

Ich schaute ihn mit großen Augen an. „Okay", sagte ich. „Ich höre mir mal an, was du zu sagen hast. Ich kann dir nicht versprechen, dass ich alles glauben werde, aber ich verspreche dir, dass ich dir zuhören werde."

„Das ist schön, Joe", entgegnete er mir liebevoll. „Nun, in all deinen Lieblingsfilmen kämpft das Gute gegen das Böse. Und in manchen Filmen stirbt am Ende der Held. Der Tod dieser Helden war die Geburtsstunde des Freiheitskampfes der Unterdrückten. Als Winnetou erschossen wurde, kam die große Hilfe von der Kavallerie. Sein Volk, die Apachen, konnte in Sicherheit weiterleben und die Banditen waren besiegt.

Als Gladiator Maximus in der Arena starb, öffnete sein Tod die Tore für einen neuen Kaiser. Commodus, der Feind, war besiegt. Obwohl der Held starb, siegte das Gute über das Böse, weil der Plan des gerechten und mutigen Helden aufging. Es ging ihm nicht um seine Person, sondern um die Erfüllung seines Auftrags.

All diese Helden waren bereit, für das Gute zu sterben. Aber diese Geschichte gibt es auch in Wirklichkeit! Es ist die größte Geschichte aller Zeiten! Gott schuf die Menschen in seiner unfassbaren Liebe. Und in dieser Liebe gab er ihnen das größte Geschenk, das er ihnen machen konnte: den freien Willen. Er hat sie nicht vorprogrammiert, sondern ihnen alles gegeben, was sie zum Leben brauchen, auch die Fähigkeit zu lieben. Doch eine solche Liebe wird nur aus dem freien Willen geboren. Man kann sie nicht erbitten oder erzwingen. Diese Liebe hat

Gott selbst in die Herzen der Menschen gelegt. Sie nahmen diesen freien Willen an und entschieden sich gegen Gott. Joe, wie sehr muss ein Vater traurig sein, wenn seine Kinder ihm den Rücken kehren? Als Adam gesündigt hatte, schickte Gott nicht irgendeinen Engel, um nach dem Rechten zu sehen, sondern er unterbrach seinen Ruhetag und machte sich selbst auf die Suche nach seinen Kindern. „Adam, wo bist du?", rief Gott im Garten Eden. Und in deinem Leben hat Gott auch immer wieder gerufen: „Joe, wo bist du?"

Er fuhr fort. „Die Menschen bauten durch ihre Sünde einen Graben zwischen sich und Gott, denn Gott ist die Liebe selbst. Und bei ihm hat Sünde keinen Platz. Also trennten sich die Menschen durch ihre Sünden von Gott. Aber Gott hat einen Plan geschmiedet: So sehr hat Gott die Welt geliebt, dass er seinen Sohn gab. Nicht, um die Welt zu verurteilen, sondern um sie zu retten."

Ich hörte gespannt zu. Seine Worte drangen nicht nur in meine Ohren, sondern auch in mein Herz. Seine sanfte, kräftige Stimme unterstrich jedes Wort, das er sagte, und machte es zu etwas ganz Besonderem. Weiter lauschte ich dem Klang seiner Stimme und vertiefte mich in seine Worte. In meinem Herzen herrschte mittlerweile ein Gefühlschaos. Eigentlich mochte ich solche religiösen Gespräche nicht. Doch dieses Gespräch war völlig anders als alle Gespräche mit Dad, Betty oder Martin.

In diesem Augenblick wurde mir klar, dass ich gerade etwas ganz Bedeutendes erleben durfte. Wie bedeutend es noch werden würde, war mir zu diesem Zeitpunkt allerdings noch nicht bewusst. Aber es stellte alles bisher Erlebte völlig auf den Kopf.

6 – Licht am Ende des Tunnels

„Jesus war der Plan Gottes, Joe. Er kam in diese Welt, um uns Menschen mit Gott zu versöhnen. Einer musste für das geradestehen, was schieflief. Einer musste die Rechnung bezahlen. Gott selbst erniedrigte sich und wurde Mensch, Joe. In seiner unermesslichen Liebe und Gnade kam er arm und bescheiden in unsere Welt, um zu suchen und zu retten, was verloren ist."

Das saß. Ich fühlte mich völlig verloren. Die Scheinwelt, die ich mir aufgebaut hatte, fing an zu bröckeln. Ich spürte mit einem Mal, dass vieles in meinem Leben gar nicht so war, wie es schien. Und nun sagte dieser Typ zu mir: „Jesus kam, um zu suchen und zu retten, was verloren ist."

Ich schluckte. Das wollte ich nicht so einfach wahrhaben. So einfach konnte das nicht sein. Zweifel stiegen in mir hoch: „Willst du mir damit jetzt sagen, dass der Glaube an Jesus etwas Besonderes ist und sich die anderen Religionen irren? Das kann doch nicht dein Ernst sein! Zugegeben, in deinen Worten höre ich Wahrheit. Aber gibt es nicht noch andere Möglichkeiten? Was ist mit den anderen Religionen?"

Der Fremde schaute mich besorgt an und strich sich durchs Haar. Dann schaute er kurz durch den Raum und sah mich sogleich wieder an: „Joe, weshalb wurde Jesus eigentlich gekreuzigt?" Verlegen gab ich ihm zur Antwort, dass ich in Religion nicht so gut gewesen war, aber ich meinte es zu wissen, weil er behauptete, Gottes Sohn zu sein.

„Ja, Joe, deshalb haben sie ihn gekreuzigt. Also bleiben nur zwei Möglichkeiten: Entweder hat er gelogen und war kein guter Mensch, oder er hat uns die Wahrheit gesagt. Wenn es wirklich die Wahrheit ist, dann gibt es nur diesen einen Weg, denn Jesus sagte von sich selbst: Ich bin der Weg, die Wahrheit und das Leben, niemand kommt zum Vater, denn durch mich. Hast du schon mal das ‚Vaterunser' gebetet, Joe?"

„Na klar! Das kennt doch jeder! Sicherlich hab' ich das schon ein paarmal an Weihnachten oder bei Beerdigungen mitgebetet. Warum fragst du?"

„Das erste Wort – Vater – bedeutet doch, dass du sein Kind bist. Mit diesem Wort sagt Gott: Du bist mein Kind, Joe. Du liebst doch deine Kinder, und deine Kinder lieben dich doch auch. Nennst du diese Liebe Religion?"

„Nee, nee", sagte ich, „das ist doch was ganz anderes. Wir sind ja eine Familie und führen Beziehungen. Das kannst du nicht damit vergleichen", gab ich ihm zur Antwort.

„Doch, Joe! Genau das wollte ich dir sagen. Deshalb kam Jesus in die Welt." Jetzt verstand ich gar nichts mehr. Der Fremde rutschte mit seinem Stuhl ein Stück näher an mich heran und wurde noch eindringlicher, als er ohnehin schon war.

„Joe, Gott hat seinen Sohn nicht gesandt, um den Menschen eine Religion zu geben. Der Mensch betet ja so ziemlich alles an: Pflanzen, Steine, Objekte, Sterne usw. Alle Religionsstifter wollten dem Menschen einen Weg weisen. Aber Jesus sagte von sich selbst, dass er der Weg sei. Von jeher wussten die Menschen, dass es

6 – Licht am Ende des Tunnels

Gott gibt. Diese Sehnsucht brennt in allen Menschenherzen. Die Sehnsucht nach ihrem Schöpfer, nach ihrem Vater und nach ihrem Zuhause. Der Mensch macht sich auf vielerlei Arten auf die Suche nach Gott. Und dieses Suchen nennen die Menschen Religion. Doch jetzt kommt die gute Nachricht: Er kam zu uns in seinem Sohn. Gott sandte seinen Sohn nicht, um ihnen eine weitere Religion zu geben. Er kam, um die Sünden der Welt auf sich zu nehmen, damit sich die Menschen mit Gott versöhnen können."

So hatte ich das alles noch nie gesehen. Und dennoch sträubte sich einiges in mir. „Aber wenn ich an etwas anderes glaube und gute Taten vollbringe, dann ist doch egal, wie ich Gott nenne. Oder liege ich da falsch?"

„Ich möchte, dass du dir selber die Antwort gibst. Stell dir vor, du hörst zufällig ein Gespräch deiner Frau mit ihrer Freundin. Deine Frau wird gefragt, warum sie dich vor 18 Jahren geheiratet hat. Und dann hörst du deine Frau sagen: ‚Na ja, ich dachte mir, ist ja egal, wen man heiratet. Hauptsache, man heiratet. Ist doch egal welchen Mann.' Was würdest du da empfinden, Joe?"

Ich war schockiert! Mit dieser Frage hatte ich nicht gerechnet. Und woher wusste der Fremde, vor wie vielen Jahren ich geheiratet habe? „Ich bin völlig irritiert! Woher weißt du so viel über mich? Ich hab' voll Angst", gestand ich ihm. Und dann brachte ich noch hervor, dass es mir das Herz brechen würde, wenn meine Frau so über mich reden würde.

Der Fremde nickte. „Ja, Joe. Und genau so bricht es auch Gott seit Tausenden von Jahren das Herz. Aber bitte, mein Freund, hab' keine Angst." Dieser Satz war mit so viel Ehrlichkeit ausgesprochen, dass er mir wirklich die Angst nahm. In meinem Kopf und in meinem Herzen tobten unbeschreibliche Kämpfe, die ich kaum schildern kann. Dann fuhr er fort.

„Winnetou, William Wallace und der Gladiator Maximus starben alle für das Gute. Und obwohl ihr Leben endete, haben sie mit ihrem Tod die Feinde besiegt. Sie gaben ihr Leben für den Plan, der den Menschen die Freiheit brachte. Sie waren demütig und dachten nicht an sich, sondern vor allem an die Menschen, die sie liebten. So hat Jesus auch gehandelt. Er starb für die ganze Welt, weil er jeden einzelnen Menschen so sehr liebt, als gäbe es keinen anderen Menschen auf der Welt. Er wollte uns nicht eine Religion bringen, sondern durch ihn reichte Gott uns die Hand zur Versöhnung. Was denkst du? Warum sehen sich so viele Männer solche Filme an? Weil Gott uns die Sehnsucht ins Herz gelegt hat. Tief im Herzen eines Mannes brennt eine Ursehnsucht, ein Held zu sein, ein richtiger Mann, der für das Gute kämpft und das schützt, was er liebt! Doch in vielen Männern ist der Held in ihrem Herzen gestorben. Sie vergiften sich auf der Suche nach Anerkennung und Ruhm. Sie verbringen ihre Zeit vor dem Fernseher oder Computer. Sie verstricken sich in Alkohol und andere Drogen. Sie wollen ihren Wert durch Machtspiele am Arbeitsplatz, im Verein oder in der Familie aufpolieren. Viele hören irgendwann ganz auf, ein Mann zu sein, und verlieren so ihren Wert. Doch tief, ganz tief in ihrem Innern lodert eine Glut, eine Sehnsucht, so zu sein, wie es sich Gott von Männern wünscht. Wenn die Männer dieser Sehnsucht nicht mehr nachkommen, werden sie unsicher, schlagen um sich und verstricken sich in Süchte. Aber Gott will das nicht, Joe. Mach' dir mal Gedanken, woher diese Sehnsucht kommt! Dieses Verlangen! Dieses Brennen! Wer ist eigentlich der Brandstifter in Männerherzen, Joe?"

„Gott", flüsterte ich kleinlaut.

„Ja, Gott, dein Vater im Himmel. Du hast ihn verleugnet und nie in dein Leben hineingelassen. Gott hat dir bestimmte Menschen zur Seite gesandt, die dich näher zu ihm hätten bringen können, doch du hast dich verschlossen. Nach deiner Meinung konnte es Gott gar nicht geben. Immer wolltest du Beweise. Du musstest sehen und anfassen, um zu verstehen und zu glauben. Als dein Vater vor drei Jahren starb, wusste er, dass er nach Hause gehen würde. Er hat zu Lebzeiten Frieden mit Gott geschlossen. Er ging nicht unvorbereitet, nur weil er von einer auf die andere Minute ging. Er hat sein ganzes Leben an Jesus geglaubt, auch daran, dass Jesus für seine Rettung den Tod, die Hölle und den Teufel besiegte. Joe, liebst du deinen Vater immer noch, auch wenn er nicht mehr auf der Welt ist?"

Das war nicht fair! Ich weinte. Warum quält mich dieser Fremde auf einmal? „Natürlich liebe ich meinen Vater! Ich vermisse ihn so sehr, dass ich manchmal vor Schmerz kaum atmen kann. Ich hätte ihm noch so viel zu sagen gehabt und seinen Rat gebraucht, den nur er mir geben konnte. Ja, ich liebe ihn. Ja, ja!", schrie ich, während mir die Tränen über das Gesicht liefen. „Warum musst du mir so wehtun? Ja, ich liebe meinen Vater von ganzem Herzen und ich vermisse ihn auch."

„Beweise es, Joe!"

„Was soll ich beweisen?", fuhr ich den Fremden an.

„Die Liebe zu deinem Vater, Joe!"

Erschüttert schaute ich ihn an: „Wie soll ich das denn beweisen? Die Liebe ist einfach da! Die Sehnsucht ist einfach da! Ich kann das nicht beweisen!"

Der Fremde lehnte sich zurück. „Siehst du, Joe. Liebe und Sehnsüchte – man kann sie nicht sehen oder anfassen, und doch bestimmen sie dein Leben. Sie sind der Motor für jeden Tag. Sie entscheiden über dein Wohlbefinden. Sie geben dir deinen Wert."

„... den ich verloren habe", flüsterte ich.

„... und den ich dir wiedergeben werde."

„Du?", fragte ich erstaunt.

„Ja", erwiderte der Fremde, „aber nur mit deinem Einverständnis."

Ich stutzte. Was ging hier vor? Ich war völlig durch den Wind.

Kämpfe tobten in mir. Mir war heiß und kalt. Ich schwebte zwischen Hoffnung und Zweifel! Was hatte dazu geführt, dass ich hier auf diesem Berg in der Hütte war? Das konnte kein Zufall sein. Wer war der Fremde, und warum kam er in mein Leben? Warum hatte ich das Gefühl, dass er mich besser kennt als ich selbst? Ich stand auf, nahm all meinen Mut zusammen, um zu fassen, was auf mich zukam.

Ich war bereit für die Wahrheit, bereit dem Licht am Ende des Tunnels zu begegnen. Ich wollte nicht länger leiden, nicht länger nach meinem Wert suchen und nicht länger auf mein wahres Mannsein verzichten. Ich wollte endlich Antworten auf alle meine Fragen und Freiheit für meine Seele.

Entschlossen fragte ich ihn: „Wer bist du?" Ein sanftes Lächeln wanderte über sein zufriedenes, aber entschlossenes Gesicht. „Joe, darf ich dir erst noch die

Geschichte von Jesus fertig erzählen? Wie er für diese Welt und für dich starb?"

„Ja, bitte", gab ich ihm neugierig zur Antwort.

„Bitte schließe deine Augen, Joe!" Das tat ich.

„Begleite mich nun auf eine Reise in das Jerusalem vor 2000 Jahren. Wir gehen vor den Stadttoren Jerusalems auf den Hügel Golgatha. Dort tobt eine Menschenmenge. Sie schreien, lästern und fluchen. Wir wollen sie jetzt aber nicht beachten. Wir schauen zum Hügel. Dort sind drei Kreuze aufgestellt, an denen drei Männer hängen. Wir schauen jedoch nicht zu den beiden Männern links und rechts, sondern auf den Mann in der Mitte. Geh' nun im Geist vor dieses Kreuz. Da ist ein Platz frei. Stell dich unter das Kreuz. Dort hängt der Sohn Gottes, bestraft und gefoltert. Das Lamm Gottes, hingerichtet für die Sünden der Welt.

Schau dir seinen Leib an. Er ist so von unzähligen Peitschenhieben zerfetzt, dass seine Muskeln und Sehnen zu sehen sind. Überall fließt Blut aus den Wunden. Blut, das er für dich und die Welt vergossen hat. Man hat ihn mit einem Stock auf den Kopf geschlagen und ihn bespuckt, bis das Wasser von seinem Gesicht herunterlief. Man hat ihm Dornen in sein edles, königliches Haupt gedrückt. Dann hat man das Kreuz auf ihn gelegt und ihn durch die schmalen Gassen Jerusalems getrieben. Man hat ihn verhöhnt und bespuckt. Man hat ihn geschlagen und nach ihm getreten.

Dann hat man ihn an dieses Kreuz gehängt und ihm Nägel in die Hände geschlagen, in diese liebevollen Hände, die geholfen und geheilt, versöhnt und vielen Menschen Halt gegeben hatten. Auch in seine Füße hat man Nägel gebohrt, Füße, denen kein Weg zu weit war und die einen schweren Weg gegangen waren, geduldig und voller Liebe für die Welt und für dich, Joe. Und nun hat man ihn nackt ans Kreuz gehängt.

Dort am Kreuz verliert er seine Würde, damit du deine Würde wieder findest. Dort oben am Kreuz verliert er seinen Wert, damit du deinen Wert wiederfindest. Dort oben auf Golgatha verliert er sein Leben, damit du dein Leben endlich wiederfindest, Joe.

Gott liebt dich und alle Menschen auf der Welt so sehr, dass er seinen eigenen Sohn dahingab, nicht um zu verurteilen, sondern um zu retten. Nicht um eine Religion zu bringen, sondern um Gemeinschaft und Beziehung mit Gott zu schenken. Und dies ist die frohe Botschaft: Durch das Leiden und Sterben Jesu ist die Gefangenschaft der Sünde für alle Menschen vorbei.

Wer sein Leben in die Hände Jesu legt, wird wie neugeboren und kann ein neues Leben beginnen. Das ist der große Unterschied zwischen Jesus und anderen Religionen. In allen anderen Religionen muss sich der Mensch die Ewigkeit durch gute Taten erkämpfen. Doch durch Jesus wird die Welt von Gott beschenkt. Gott wünscht sich von den Menschen, dass sie dieses Geschenk annehmen. Willst du das, Joe? Willst du mit Jesus ein neues Leben beginnen und in ihm und durch ihn und mit ihm die Wahrheit finden? Willst du dieses Geschenk annehmen, Joe?"

„Ja, das will ich", schluchzte ich.

„Joe, Gott hat mit den Menschen ein Bündnis geschlossen und durch Jesus Ja zu den Menschen gesagt. Stell' dir mal eine Hochzeit vor. Was wäre, wenn nur einer von beiden Ja zum anderen sagen würde? Die Hochzeit und das Ehebündnis könnten gar nicht stattfinden. Es müssen beide Ja sagen, damit das Bündnis und die Liebesbeziehung ihren Lauf nehmen können."

„Ja, ja, ja, ich will! Doch sag' mir erst, wer du bist."

Eine seltsame Stille umfasste mich. Selbst das Feuer schien innezuhalten. Von draußen drang kein einziges Geräusch in die Hütte. Die Tiere schwiegen und der Wind kam zur Ruhe.

Da öffnete der Fremde seinen Mund. Seine weißen Zähne funkelten und seine Augen strahlten im Schein des Feuers. Er hob seine Augenlider und schaute mir tief und voller Liebe in die Augen. Ich fühlte mich wie in einer anderen Welt, wie im Paradies, getragen, sorglos und geborgen. Ich empfand mich in diesem Augenblick als wertvoll und kostbar. Ich wusste nun, wer er war, doch ich wollte es aus seinem eigenen Mund hören.

„Joe, ich bin es. Jesus, der Herr, dein Gott."

7 – Aufregung

Mein Herz und mein Verstand schienen zu explodieren. Was ich da hörte, war völlig unfassbar. Mein Herz raste und unendlich viele Gedanken schwirrten mir durch den Kopf. Das konnte doch nicht wahr sein! Obwohl ich tief in meinem Herzen mit einer Antwort auf meine Fragen gerechnet hatte, erschien sie mir so unglaublich. Und doch spürte ich, dass ich diesem Mann vertrauen konnte. Jahrelang hatte ich nur das geglaubt, was ich sehen und anfassen konnte. Und nun glaubte ich diesem Fremden, dass er Gottes Sohn war. Das passte eigentlich gar nicht in mein Weltbild.

Ich brach vor seinen Füßen zusammen und schlug die Hände vors Gesicht. Dann fing ich zu weinen an. Ich weinte wie nie zuvor in meinem Leben. In meinem Herzen spürte ich zum ersten Mal, dass ein richtiger Mann weinen darf. Ich spürte, wie der Mann aufstand und seine Hände auf meinen Kopf legte. Eine unfassbare Liebe strömte durch meinen Körper, wie sie mir noch kein Mensch gegeben hatte. Ich fühlte mich wie in Liebe getaucht, von Liebe umhüllt.

Würde man die emotionalsten Momente unseres Lebens – die Geburt eines Kindes, die erste große Liebe oder die Sehnsucht, die man beim Verlust eines geliebten Menschen empfindet – alle zusammen nehmen und diese mit unendlich multiplizieren, dann wäre das lediglich ein Bruchteil dessen, was ich in jenem Moment empfand. Anders kann ich das nicht beschreiben.

Ich kniete auf dem Boden und weinte in meine Hände hinein. Trotz all der unfassbaren Liebe schämte ich mich. All die Jahre war ich ein 08/15-Christ gewesen und nicht bereit, tatsächlich an ihn zu glauben. Ich hatte alles genau erkennen, aber nichts von ihm wissen wollen. Gespräche über Gott waren für mich immer vergeudete Zeit. Ich belächelte sogar Menschen, die ernstlich an ihn glaubten. Ich hielt sie für Spinner und religiöse Fanatiker. Selbst meinen Freund Martin und sogar meine Frau Betty schob ich in diese Schublade voller Vorurteile.

Wieso begegnete er ausgerechnet mir so persönlich? Ich hatte es doch am allerwenigsten verdient. Nun beugte er sich zu mir herab und nahm mich in seine Arme. Ich weinte noch mehr und schrie meinen Schmerz frei heraus. Er hielt mich die ganze Zeit einfach nur in seinem Arm. Ich konnte so sein, wie ich war, mit Schmerz, Zweifel und Tränen.

„Warum ich? Warum kommst du zu mir? Ich bin doch am weitesten von dir weg. Ich habe dich doch immer verleugnet und wollte nichts mit dir zu tun haben. Warum gerade ich?"

Der Mann löste meine Hände von meinem Gesicht. „Joe, schau' mich bitte einmal an." Ich hatte meine Augen immer noch geschlossen und wollte sie nicht öffnen. Ich konnte ihm nicht in die Augen schauen. In diesem Moment wusste ich, warum sich so viele Menschen in Gesprächen nicht in die Augen schauen können: Sie sind unsicher und schwach. Oft ist Böses in ihren Herzen und sie haben das Gefühl, der andere würde die Wahrheit in ihren Augen erkennen.

Dann sagte er: „Joe, ich bin nicht gegen dich, sondern für dich. Ich liebe dich so sehr. Du bist in meinen Augen unbeschreiblich wertvoll und wunderbar. Und da du so weit weg von mir warst, bist du mir der Nächste. Du weißt doch, ich bin gekommen, um zu suchen und zu retten, was verloren ist. Deshalb kam ich in die Welt und heute zu dir. Joe, ich habe dich schon vor Anbeginn der Welt geliebt." In diesem Augenblick öffnete ich meine Augen. Ich spürte keinerlei Anklage mehr gegen mich. Vertrauen stieg in meinem Herzen hoch.

Ich schaute in seine Augen. Mir war, als würde ich das ganze Weltall sehen, als sei ich im Paradies. Längst hatte ich den Raum, in dem wir waren, vergessen. Auch die Zeit spielte keine Rolle mehr. Nur er zählte jetzt noch. Er wurde nun zum Sinn meines Lebens.

„Joe", sagte er leise und liebevoll. „Leg' einmal deine Hände in meine und spüre meine Liebe." Ohne meinen Blick von seinen Augen abzuwenden, legte ich meine Hände in seine. Plötzlich spürte ich etwas. Das war mir vorher nicht aufgefallen. Ich spürte Narben in seinen Händen. „Spürst du meine Liebe?" Ich spürte sie. Ich nahm seine unendliche Liebe wahr. Während ich in seine Augen sah, war es, als würde ein Film in meinem Kopf ablaufen.

In diesem Film sah ich ihn an einem Baum knien. Blutstropfen fielen von seinem Leib auf die Erde und sickerten ein. Tränen liefen über sein Gesicht. Sein Körper bebte. Soldaten kamen aus dem Dunkel und nahmen ihn fest. Man klagte ihn an, einen Menschen, der alles aus Liebe getan hatte und der frei von jeder Schuld war. Man schlug ihm ins Gesicht. Man verurteilte und verspottete ihn. Man peitschte ihn auf unbeschreibliche Weise aus, sodass sein Körper durch viele klaffende Wunden aufgerissen wurde. Man bespuckte ihn und schlug mit einem Stock auf seinen Kopf. Er trug sein Kreuz unter den bösen Blicken und dem Gespött vieler Menschen. Sie bohrten Nägel durch seine Hände und Füße. Dann hängten sie ihn nackt ans Kreuz!

Während ich diesen Anblick kaum ertragen konnte, durchdrang seine Stimme meinen Verstand und mein Herz: „Spürst du, Joe, wie sehr ich dich liebe?"

Tränen flossen aus meinen Augen und tropften auf den Boden. Ich konnte meinen Blick nicht mehr von ihm abwenden. Berührt von allem sagte ich: „Ja, mein Herr, mein Gott und mein Freund. Ich fühle deine Liebe, obwohl ich sie gar nicht verdient habe. Das macht diese Liebe so wunderbar und wertvoll. Sie ist das Einzige, was ich noch haben will. Sie ist alles, was ich brauche."

Er lächelte mich liebevoll an: „Joe, wenn du dich selbst wieder finden willst, musst du dich ganz in mir verlieren."

Was für ein Satz! Jetzt konnte ich das annehmen. Gott hatte die Gebete meiner Frau erhört, mein Flehen war an sein Herz gedrungen und ich war ihm nicht egal. Jetzt erkannte ich den Unterschied zwischen Religion und wahrem Glauben: Gott möchte mein Vater und mein Freund sein! Was für ein Geschenk!

8 – Die Befreiung

Da war ich nun am Ziel meiner Suche. Ich hatte gefunden, wonach ich gesucht hatte. Ich hatte tiefe Täler durchschreiten müssen, um das Licht zu erkennen. Dieses Licht hat einen Namen, den ich jetzt frei und offen aussprechen konnte: Jesus.

Ich musste erst fallen, damit ich seine Hand ergreifen konnte, die mir aufhalf und mich stützte. Ich schmiegte mich in seine Arme. Dort wollte ich die Ewigkeit verbringen, dort war ich wertvoll, dort fühlte ich mich sicher. Bei Jesus werden alle Sehnsüchte gestillt. Nicht bei Religionsstiftern, nicht bei tollen Menschen, sondern beim Sohn Gottes höchstpersönlich.

Ich verstand immer noch nicht, warum er gerade mir begegnet war. Warum nicht meiner Frau oder Martin, die so sehr an ihn glaubten? Aber ich musste ja auch nicht alles verstehen. Ich ließ mich in dem Gefühl fallen, dass mich Gott angenommen hatte.

Wann hatte ich mich zum letzten Mal geborgen gefühlt? Das war schon sehr lange her. Und eines war klar: So ein Gefühl wie dieses hatte ich noch nie gehabt.

Ich richtete mich langsam auf, ohne ihn aus dem Blick zu verlieren, und setzte mich auf den Stuhl neben dem Tisch. Jesus setzte sich zu mir. Unfassbar! Ich und Jesus an einem Tisch! „Wenn du frei werden willst, Joe, dann lade alles ab, was dich bedrückt, was dir Angst macht und was dich klein macht. Vertraue mir und lege alles Dunkle, Zerbrochene und Kranke in meine Hände."

Ruhe und Sicherheit strömten durch jede einzelne Faser meines Körpers. So begann ich, ihm mein Herz auszuschütten.

„Früher, als es mir noch besser ging", begann ich zu erzählen, „saß ich auf einem hohen Ross und wusste alles besser. Für mich war es egal, an was man glaubte, Hauptsache, man glaubte an irgendetwas. Da ich in einem christlichen Elternhaus aufgewachsen bin, lag es nahe, dass ich zumindest nach außen hin an Gott glaubte. Es gehörte zum Standard, irgendeinen Glauben zu haben. Mir war damals durchaus klar, dass es ein höheres Wesen geben musste. Aber von einem tiefen Bewusstsein darüber, wie es meine Frau und Martin hatten, war ich Lichtjahre entfernt. Nachdem mein Vater gestorben war, starb auch die letzte Bindung an Gott ... äh, zu dir. Ich dachte damals: Wie kann er mir so etwas antun? Mir einfach meinen geliebten Dad nehmen ...

Früher definierte ich meinen Wert darüber, dass ich eine tolle Frau an meiner Seite hatte, einen Beruf hatte und ein tolles Auto fuhr. In Wahrheit habe ich mir etwas vorgemacht. Als Vater starb, starben auch meine Illusionen. Mein Kartenhaus fiel in sich zusammen und mein wahres Ich kam zum Vorschein. Ich wurde gereizt, angreifbar und verwundbar. Aber keiner sollte meine Wunden und Tränen sehen. Deshalb verbot ich mir zu weinen und redete mir ein: Männer weinen nicht. Und dann starb Vater ganz plötzlich. Danach konnte ich meine Gedanken und Gefühle gar nicht mehr richtig sortieren.

Ich wurde immer gereizter und verletzlicher. Ich verstand meine engsten Freunde nicht mehr, selbst meine

8 – Die Befreiung

Frau wurde mir fremd. Ich hätte sie sehr gebraucht, doch ich verstand ihre Veränderung nicht. Sie sprach nur noch von dir. Ich denke, ich war eifersüchtig. Wie konnte man jemand anbeten, von dem man nicht wusste, ob er da ist, ob er je gelebt hat oder ob er jetzt noch lebt. Jesus, bitte verzeih! Das waren damals meine Gedanken. Ich fühlte mich allein und von niemandem verstanden. Alles, was ich mir bis dahin erarbeitet hatte, war wertlos geworden. Mein Haus und mein Auto gaben mir nicht das, was ich davon erhofft hatte. Dann verlor ich Dad und glaubte, meine Frau an dich verloren zu haben. Ich fühlte mich nicht mehr als Mann, weder vor meiner Frau noch vor meinen Kindern, und auch nicht vor mir selbst." Ich holte tief Luft und fuhr fort.

„So habe ich den letzten Funken meines Glaubens verloren. Ohne diesen Funken wurde es immer dunkler. Jedes Mal, wenn Martin oder meine Frau von dir sprachen, hatte ich mir gewünscht, ich hätte diese Gespräche mit meinem Vater geführt. Wie oft wollte er von dir erzählen und ich habe ihn belächelt. Wie oft bat ich ihn darum, mich mit diesem Geschwätz zu verschonen! Wie oft habe ich ihm erklärt, dass ich erwachsen und aufgeklärt sei! Wie oft habe ich ihn damit verletzt!"

Ich weinte wieder. Mir stockte der Atem.

„Warum, denkst du, hat dein Vater dir von mir erzählen wollen?"

„Weil er mich liebte?", fragte ich Jesus.

„Ja", sagte er. „Er tat es aus Liebe. Ein liebender Vater will immer das Beste für seine Kinder, auch wenn sie dies nicht erkennen. Alles, was wir aus Liebe tun, ist ein Segen. Er wollte, dass du ein Mann wirst, wie ich es dir wünsche. Nur wer seine wahre Herkunft kennt, kann auch seine wahre Bestimmung entdecken. Nur wer seine Wurzeln kennt, schätzt auch seinen Wert und muss nicht mehr suchen."

„Ja, mein Herr! Wie ich heute!"

Während wir miteinander redeten, lagen meine Hände in seinen Händen. Dabei spürte ich ständig seine Narben und schaute in seine Augen.

„Joe!" Seine sanfte Stimme klang durch die Hütte. „Was hat dir am meisten wehgetan? Ich weiß es zwar, aber bitte sag du es mir, damit du mehr und mehr frei wirst und mir ganz vertraust."

Ich senkte meinen Blick und starrte verzweifelt auf die leere Tischplatte. „Ich ...", begann ich zu stottern, „... ich habe ihm viele Jahre nicht gesagt, wie sehr ich ihn liebe. Ich würde alles tun, um dafür eine neue Chance zu bekommen. Aus diesem Schmerz heraus konnte ich es meiner Familie auch nicht mehr sagen."

Sanft streichelte mir Jesus über die Wange, strich ein paar Haare aus meinem Gesicht und schaute mich an. „Was wünschst du dir?"

„Ich wünsche mir so sehr, dass ich ihm sagen könnte, wie leid mir alles tut und wie sehr ich ihn liebe."

„Dann sag' es ihm jetzt, denn die Liebe zueinander stirbt nie. Du und dein Dad, ihr seid durch meine Liebe verbunden, und eines Tages werdet ihr wieder zusammen sein. Das verspreche ich dir."

Gefasst schaute ich Jesus an. Dann begann ich, meinem Vater zu sagen, wie sehr ich ihn liebte. „Hi, Dad! Ich weiß, dass es dir gut geht. Es quält mein Herz, dass ich so viele Jahre versäumt hab', dir zu sagen, wie sehr ich dich liebe. Danke, dass du so geduldig und hartnäckig gewesen bist. Ich erkenne, dass du alles aus Liebe für mich getan hast. Verzeih' mir bitte, dass ich dich so oft belächelt habe und alles besser wusste. Verzeih' mir die Verletzungen, die ich dir bewusst und unbewusst zugefügt habe. Verzeih' mir bitte! Dad, ich liebe dich! Ich liebe dich so sehr!"

„Wie geht es dir jetzt, Joe?" Diese Frage tat unendlich gut.

„Das ist wie eine Befreiung." Jesus lächelte.

„Dann wollen wir dich jetzt vollkommen in die Freiheit führen. Was empfindest du, wenn du an deine Familie und Freunde denkst?"

„Liebe!", schoss es aus meinem Mund.

„Wann hast du ihnen das zum letzten Mal gesagt?"

„Das ist schon lange her ..."

„Was wirst du als Erstes tun, wenn du nach Hause kommst?", fragte mich Jesus, obwohl er die Antwort kannte.

„Ich werde sie in meine Arme schließen und ihnen sagen, wie wunderbar und wertvoll sie sind, und wie sehr ich sie liebe."

„Was spürst du jetzt?" Ich fühlte mich nun freier. Ich konnte den Geruch der Freiheit in meiner Nase spüren, wie ein Kribbeln von Verliebtheit.

„Ich will mehr von diesem Gefühl haben! Das macht ja richtig süchtig."

Jesus schmunzelte. „Das ist das Besondere an der Liebe. Je mehr man davon gibt, desto reicher wird man selbst beschenkt. Wie sieht es mit deinen Freunden, Nachbarn und Geschäftspartnern aus? Wo könntest du noch diese Liebe versprühen?"

„Oh", begann ich kleinlaut zu flüstern, „da gibt es einige Leute. Meinem Freund Martin hab' ich sehr oft

Unrecht getan, einigen Geschäftspartnern gegenüber war ich nicht immer fair, und mit meiner Nachbarin lebe ich seit Längerem im Streit."

„Behandle jeden Menschen wie einen König, Joe", bat mich Jesus, „denn ich lebe in jedem Einzelnen von ihnen. Lass alles aus der Liebe heraus geschehen. Verurteile die Menschen nicht. Denke daran, wohin dich dein Schmerz getrieben hat. Er führte dazu, dass du nicht der Mann warst, der du sein solltest. Du bist ein Ehemann geworden, der seiner Frau nicht mehr sagen konnte, wie sehr er sie liebt. Schmerz und Enttäuschung haben dich so weit gebracht, dass du dich selbst nicht mehr ertragen konntest und viel Gift und Bitterkeit in deinem Umfeld verstreut hast. Wie kannst du von Menschen erwarten, dass sie gut zu dir sind, wenn du nicht einmal selber gut zu dir bist, Joe? Der Schmerz hat dich auf diesen Berg getrieben und wollte dich töten."

Er deutete auf meine Reisetasche. Er kannte mich ganz genau und wusste, was in der Tasche war. Er kannte meinen entsetzlichen Plan und hatte mich ertappt.

„Ja, du kennst mich. Du kennst meine Gedanken und meine Sehnsüchte. Ich hatte mir vorgenommen, meinem Leben ein Ende zu setzen, sollte ich auf diesem Berg keine Antworten finden. Deshalb habe ich diese verdammten Pillen mitgenommen."

Jesus schaute mich liebevoll an und fragte mit zärtlicher Stimme: „Ist es an der Zeit zu gehen, Joe?"

„Nein, mein Herr. Es ist erst an der Zeit, wenn du es für richtig hältst. Ich vertraue dir und beuge mich deinem Willen, weil allein du weißt, was gut für mich ist."

„Herr, darf ich dich noch etwas fragen?"

8 – Die Befreiung

„Ja, Joe. Ich bin immer und überall für deine Fragen da."

„Herr, begegnest du vielen Menschen so wie mir?"

„Ja, mein Kind. In Träumen, in Musik, in Kunst oder durch Menschen und Geschichten, durch große oder kleine Dinge. Jeden Tag und sogar im Sterben komme ich jedem Einzelnen nahe, denn ich bin euer Zuhause und wünsche mir, euch alle bei mir zu haben."

„Wird es Menschen geben, die verloren gehen und nicht nach Hause kommen?", fragte ich besorgt und schaute in seine Augen. Die ganze Zeit über leuchteten sie wie die schönsten Sterne am Himmel. Doch jetzt füllten Tränen seine Augen. Das Sprechen fiel ihm sichtlich schwer. „Joe, in den letzten Momenten meines Sterbens habe ich an jeden einzelnen Menschen gedacht, damit alles getan wurde, sodass jeder nach Hause kommen kann. Ich bin voller Liebe für alle Menschen. Ich liebe jeden Einzelnen so, als gäbe es keinen anderen auf der Welt. Jeder Einzelne ist für mich so kostbar wie das ganze Universum. Ich habe mich jedem Einzelnen persönlich geschenkt und mein Leben und meine Würde dahingegeben. Ich gab alles, um dich zu gewinnen. Doch entscheiden darf jeder selbst. Das ist die Liebe! Ich selbst bin die Liebe, ohne jeden Zwang, ohne jeden Druck. Meine Tür ist für jeden Menschen offen. Jeder kann kommen und seine Hände in meine legen. Das darf jeder selbst entscheiden. Ich möchte jeden Menschen auf seinem Weg begleiten, aber gehen müsst ihr selbst. Das macht euch einzigartig. Ihr seid etwas ganz Besonderes. Jeder von euch ist ein Wunder. Ich trauere um jeden, der dieses Geschenk ablehnt und nicht zu mir nach Hause kommt."

Während er das sagte, liefen Tränen über sein Gesicht: „Der Teufel verführt die Menschen mit vielerlei Dingen. Er lockt sie, stellt sich als gütig und weise hin und verkleidet sich. Doch bei allem geht es ihm nur um eines: Die Menschen sollen nicht glauben, dass ich für sie starb, um sie wahrhaftig frei zu machen. Sie sollen nicht glauben, dass Gott einen Plan hat, um alle zu retten. Sie sollen nicht glauben, dass Gott die Welt so sehr geliebt hat, dass er seinen Sohn gab. Immer mehr Menschen fallen auf den Vater der Lüge herein. Sie suchen Rat bei den Sternen und nicht bei dem, der die Sterne gemacht hat. Sie suchen Antworten in Karten, im Pendeln und in verwirrenden Büchern, aber nicht in dem Buch, das alle Fragen beantworten kann. Ja, Joe, viele werden nicht nach Hause kommen. Und das betrübt mein Herz sehr."

„Jesus, was kann ich tun, damit mehr und mehr Menschen nach Hause kommen?"

Ich erntete einen Blick der Hoffnung vom König der Könige. „Erzähle ihnen, wie sehr ich sie liebe. Erzähle die Geschichte von deiner Freiheit. Erzähle ihnen, was ich für jeden Einzelnen getan habe. Sage ihnen, dass alles vorbereitet ist. Der Weg ist geebnet."

„Geebnet für was?", hakte ich nach.

Jesus schaute mich erhaben an. Seine Wangen glänzten im Schein des Feuers. „Den Sinn des Lebens zu erkennen und danach zu leben."

„Was ist der Sinn des Lebens?"

„Ein Kind Gottes zu werden, Ja zu Gott zu sagen und mit ihm ein neues Leben zu beginnen. Diesen Weg habe ich mit jedem Schlag und jedem Hieb geebnet. Jeder Tropfen Blut, den ich vergoss, hat den Graben zwischen

8 – Die Befreiung

Gott und Mensch gefüllt und eine Brücke gebaut. Ich bin die Brücke, der Weg und die rettende Hand zum Vater, Joe."

„Willst du diesen Weg mit mir gehen, Joe?"

„Herr", sagte ich, „ich möchte dir ganz vertrauen. Ja, ich will nie mehr von dir weggehen. Aber oft bin ich kein guter Mensch. Bitte verzeih mir! Ich werde dich vielleicht oft enttäuschen", gab ich kleinlaut zu.

„Du wirst immer mehr von meiner Liebe erfüllt und das tun, was deinem Herzen entspringt, denn dort werde ich in dir leben. Mir geht es in erster Linie um deine Liebe. Den Rest werden wir eines Tages beide gemeinsam zur Vollkommenheit bringen. Mein Freund, was kein Auge geschaut, kein Ohr gehört und in kein Menschenherz gelegt wurde, das habe ich für die bereitet, die mich lieben. Zu Hause wird das geheilt werden, was auf Erden krank ist. Dort wird vollkommen sein, was in dieser Welt unvollkommen ist." Ein kurzer Moment der Stille trat ein. Dann sprach er mit ruhigen Worten. „Deine Frau Betty hat dir einen Zettel in die Bibel gelegt. Wenn du das, was darauf steht, von ganzem Herzen bejahen kannst, dann darfst du ihn mir vorlesen."

Ich erhob mich und schnappte mir die Bibel, ohne Jesus aus den Augen zu lassen. Tatsächlich! Da war noch ein Zettel, der mir bis jetzt nicht aufgefallen war. Ich begann zu lesen:

Lieber Jesus, leider ist mein Leben nicht so gelaufen, wie DU es für mich erdacht hattest. Ich habe in vielen Dingen Glück, Anerkennung und Zufriedenheit gesucht. Doch nirgendwo fand ich meine Erfüllung. Menschen haben mich enttäuscht und verletzt. Mit

DIR will ich einen Neuanfang machen, DIR will ich vertrauen. Ich habe nun erkannt, dass nur DU mir wahren Frieden schenken kannst und dass ich nur durch DICH den Sinn des Lebens erkennen kann. Ich weiß nun, dass ich ein KIND GOTTES bin. Bitte führe mich zu der Aufgabe, die DU für mich bestimmt hast. Ich möchte DIR danken, dass DU für meine Sünden gestorben bist und mich wahrhaftig frei gemacht hast. DU willst mir geben, was kein Mensch mir geben kann. Ich will dieses Geschenk annehmen mit dem sicheren Gefühl, dass ich in alle Ewigkeit errettet bin, weil ich durch DICH und mit DIR den Sinn des Lebens gefunden habe. Bitte zeige mir den Weg und bleibe bei mir alle Tage meines Lebens. Amen!

Voller Freude schaute Jesus mich an und nahm mich in den Arm. „Du bist nun von Neuem geboren. Du hast mein Geschenk angenommen und den Sinn des Lebens erkannt. Nun weißt du, wie wertvoll du bist. Du wirst von nun an anders handeln, reden und fühlen, weil das Alte gestorben ist und das Neue durch meine Liebe geboren wurde. Du bist ein Kind Gottes, Joe!"

9 – Von Neuem geboren

Ein unfassbares Glücksgefühl machte sich in mir breit und durchströmte meinen ganzen Körper. Ich weinte und lachte gleichzeitig. Es war, als würde eine zentnerschwere Last von mir genommen. Ich fühlte mich frei! Nein, ich fühlte mich nicht nur so, sondern ich war es. Ich war frei!

In diesem Augenblick schoss mir eine Szene aus einem Film über Jesus durch den Kopf, den ich einmal widerwillig mit Betty angeschaut hatte. Dort sagte Jesus: „Wenn ein Mensch nicht wiedergeboren wird, kann er das Königreich Gottes nicht erblicken." Damals hatte ich den Satz nicht verstanden, doch jetzt verstand ich ihn mit allen Sinnen und mit jeder Faser meines Körpers. Nach langer Zeit fühlte ich mich wieder wertvoll und wie ein Mann. Ich war auf diesen Berg gekommen, um eine Antwort zu finden. Und nun hatte ich mehr gefunden als eine Antwort. Ich hatte Gott, mein Leben, mein Lachen, die Fähigkeit zu weinen, mein Mannsein und mich selbst gefunden.

Jesus erhob sich von seinem Stuhl. Ich warf mich ihm vor die Füße und kniete vor ihm. Vor mir stand Gott. Der Freund, der mir meine Würde wiedergab, Hoffnung und Kraft spendete und sein Leben für mich gab, damit ich frei sein konnte.

Er legte beide Hände auf meinen Kopf und segnete mich: „Mein geliebtes Kind, Joe! Empfange den Heiligen

Geist! Sei gesegnet, damit du ein Segen für die Welt und für mich bist! Sei gewiss, dass ich immer bei dir bin! Glaube, Hoffnung und Liebe erfüllen dein Herz. Gehe deinen Weg. Lass dich niemals von den Menschen erschrecken. Keine Giftpfeile werden dich treffen und keine Intrigen dich stürzen. Meine schützende Hand wird dich von allen Seiten umgeben. Ich liebe dich, und der ganze Himmel ebenso. Mein wertvolles und geliebtes Kind, werde nun glücklich in meiner Liebe. Gib diese Liebe an alle weiter, damit sie erkennen, dass ich in dir lebe und du mein Kind bist. Ich liebe dich, Joe, mein geliebtes Kind. Ich liebe dich!"

Ströme voller Liebe flossen aus seinen Händen und durchfluteten meinen Körper und meinen Geist. Seine Worte brannten sich tief in mein Herz ein. Ich sank zu Boden und lag vor seinen Füßen. Die Welt drehte sich um mich herum und ich konnte kaum noch richtig denken. Ich kam mir vor wie ein Zeitreisender, wie einer, der betäubt wurde, oder wie einer, der gerade den Jackpot geknackt hatte. Ich sank in eine Art Ohnmacht. Mein ganzes Leben lief an mir vorüber. Jeder einzelne Augenblick. Ich weiß nicht, wie lange das alles gedauert hat, aber ich spürte: In diesem Zustand spielte Zeit keine Rolle. Da lief nun mein Leben vor mir ab: Trauriges, Schönes, Böses und Gutes. Doch ich sah alles in einem anderen Licht. Jede Szene und jeden Augenblick betrachtete ich aus dem Blickwinkel der Liebe.

Ich empfand eine unfassbare Liebe für mich selbst und meine Mitmenschen, sogar für die Menschen, die gemein und ungerecht zu mir gewesen waren. Ich empfand nur Liebe. Durchdrungen von diesem unfassbaren, einmaligen und wunderbaren Gefühl der Liebe verstand ich alles. Sogar das Unglück meines Lebens und den Tod meines Vaters konnte ich verstehen. Liebe ist es, die uns atmen lässt, Liebe ist es, die uns das Leben schenkt, Liebe ist es, die uns vergeben lässt, Liebe ist es, die uns unseren Wert gibt, und Liebe ist es, die andere wertvoll macht. Die Liebe ist das Größte. Gott ist die Liebe, und wer in der Liebe bleibt, der bleibt in Gott und Gott in ihm. Das verstand ich nun. Deshalb hatte Jesus wohl auch gesagt: „Wer die Wahrheit liebt, der hört meine Stimme."

In diesem unbeschreiblichen Zustand vernahm ich die Stimme von Jesus: „Nun hast du dein Leben durch mein Herz und meine Augen betrachtet. Lebe und liebe in meinem Namen, Joe. Ich bin bei dir alle Tage deines Lebens."

Um mich herum drehte sich alles. Von Neuem geboren! Ein neues Leben wartete auf mich, ein neuer Weg, den ich nicht alleine gehen musste.

10 – Allein und doch nicht allein

Ich öffnete meine Augen und sprang in die Höhe. Ein Gefühl, wie wenn einem bewusst wird, dass man verschlafen hat. Ich hatte einen großen Teil meines Lebens verschlafen. Da stand ich nun allein in meiner Hütte. Und wo war Jesus? Hatte ich alles nur geträumt? Nein, das war zu intensiv. Es musste wahr gewesen sein, denn ich fühlte mich völlig anders. Ich rannte zur Tür und öffnete sie. Die Sonne ging langsam auf. Der Tag hatte die Nacht besiegt, genau wie in meinem Leben.

Ich blickte zum Himmel und rief so laut ich konnte: „Jesus, Jesus! Ich liebe dich! Danke! Ich liebe dich!" Vor ein paar Stunden war ich hier gestanden und hatte in den Wald hineingeschrien. Aber jetzt war alles anders. Ein Lächeln lag auf meinen Lippen. Ich hätte die Welt umarmen können. Am liebsten wollte ich es jedem erzählen. Doch würde man mir glauben? Es war mir egal. Ich kannte ja jetzt die Wahrheit. Schluss mit dieser übertriebenen Toleranz, die wir uns aufsetzen, um es allen recht zu machen, und dann feige durch die Welt rennen. Ich muss nicht zu allem Ja sagen, außer zu Ihm. Dies war das wichtigste Ja meines Lebens. Wie würde ich reagieren, wenn ich solchen Typen begegnete, wie ich es selber noch bis gestern gewesen war? Jesus hatte es mir gezeigt. Ich musste die Menschen mit seinem Herzen und mit seinen Augen sehen, mit Liebe.

So frisch, wie sich meine Seele anfühlte, so frisch wollte ich auch meinen Körper machen. Ich ging wieder in die Hütte an mein kleines Waschbecken und entfernte den Schmutz. Meine Rippen, die ich mir beim Sturz verletzt hatte, machten mir ein wenig zu schaffen. Ansonsten fühlte ich mich pudelwohl. Jesus hatte mich besucht! Echter Wahnsinn! Das würde mir doch keiner glauben!

Ich hätte Bäume ausreißen können. Ich sah alles mit ganz anderen Augen als noch am Tag vorher. Durch mein kleines Fenster sah ich Bäume, ein Reh und ein paar Hasen, die um die Wette liefen. Der Morgentau streichelte sanft und zärtlich den Waldboden. Ich ging wieder vor die Tür. Meine Nase konnte so intensiv riechen wie nie zuvor, oder war mir das vorher nie aufgefallen? Daran lag es wohl. Ich war viel zu sehr mit meinen Sorgen und Problemen beschäftigt. In der Natur hatte ich nie die Liebe Gottes gesehen. Ich hatte sie als selbstverständlich genommen. Die Luft war frisch, und ich war voller Tatendrang wie frisch verliebt. Zum ersten Mal liebte ich Gott und mich selbst. Ein Strahlen lag auf meinem Gesicht. Dann ging ich zu meiner Reisetasche und schnappte die Pillen, die ich mitgenommen hatte, um mir das Leben zu nehmen. Wahnsinn! Ich hatte mir das Leben nehmen wollen! Aber nun war mein Leben ein Geschenk! Ich schaute die Tabletten an. Wie viele Menschen nehmen sich jeden Tag das Leben? Wie viele machen sich selbst jeden Tag das Leben schwer? Darin liegt die Lösung: dass wir Gott erkennen und seine Liebe annehmen, dass wir in all dem uns selbst entdecken, unseren Wert finden und andere Menschen als wertvoll erkennen.

10 – Allein und doch nicht allein

Ich warf die Pillen ins Feuer. Es gab keinen Platz mehr für sie. Ich hatte es nun selbst in der Hand, mein Leben zu ändern. Keine Sekunde wollte ich verpassen. Seine Liebe trieb mich an und die Gewissheit: Ich werde niemals alleine sein! Das Größte aber ist: Gott liebt mich, und ich bin wertvoll!

Eigentlich wollte ich einige Tage in der Hütte verbringen. Doch ich hatte bereits nach einem Tag alles bekommen, was ich brauchte. Ich packte meine Sachen und schaute mich noch einmal in der Hütte um. Mein Blick blieb an dem Stuhl hängen, auf dem er, der König der Könige, gesessen hatte! Ich war überwältigt. Ein einfacher Stuhl, der unseren Herrn trug. Ich wusste plötzlich, was ich zu tun hatte. Ich nahm den Stuhl mit. Nein, stehlen wollte ich ihn nicht. Lieber später den Besitzer anrufen und darüber in Kenntnis setzen, dass ich den Stuhl mitgenommen hatte. Dann würde ich ihm einen stolzen Betrag überweisen. Mit meiner Tasche und dem Stuhl in der Hand wanderte ich fröhlich zu meinem Auto.

Wenn mich in den letzten Stunden jemand beobachtet hätte! Gestern noch hatte ich wie wahnsinnig in den Wald hineingeschrien. Und heute Morgen rief ich: „Jesus, ich liebe Dich!" Also wanderte ich fröhlich singend mit einem Stuhl durch den Wald. Ich musste über mich selbst lachen. Noch vor 24 Stunden hatte ich nichts zu lachen gehabt.

Mit jedem Schritt kam ich meinem Auto näher. Rasch packte ich die Tasche und den Stuhl in den Kofferraum. Die Bibel mit Bettys Brief legte ich auf den Beifahrersitz. Meine Reise begann. Ich war zwar allein, aber nicht mehr einsam.

„Wie Schafe unter Wölfe werde ich euch senden", so hatte Jesus es gesagt. Ich wusste: Auf ihn konnte ich mich verlassen. Er hatte mir versprochen, immer an meiner Seite zu sein. Mit diesem wunderbaren und sicheren Gefühl fuhr ich in meine alte Welt zurück.

Ich ließ den Motor an. Mein Blick glitt über die Bibel. Hatte mir Gott noch etwas zu sagen, bevor ich losfuhr? Ich blätterte wahllos in der Bibel herum und blieb auf einer Seite hängen: „Sei mutig und entschlossen. Hab' keine Angst, denn ich, der Herr, dein Gott, bin bei dir."

Ich war überglücklich und begeistert von Gott, denn von nun an hatte ich einen ständigen Begleiter!

11 – In Freiheit leben

Ich genoss jede Minute der Fahrt. Hupende Autofahrer und Menschen mit ernsten Gesichtern konnten mich nicht aus der Fassung bringen. Ich verstand sie, denn ich war ja genau wie sie gewesen. Sie kennen sich selbst nicht, suchen überall und finden nichts. Und Jesus kennen sie auch nicht. Wer ihn hat, der hat das Leben; wer ihn nicht hat, der hat das Leben nicht. Genau so steht es in der Bibel.

Zum ersten Mal verstand ich, was damit gemeint ist. Meine Gedanken kreisten um mein neues Leben dort draußen. Ich hatte eine Aufgabe: Ich wollte die Welt und Gott glücklich machen. Das war nun der Sinn meines Lebens. Als ich das Geschenk Gottes angenommen hatte, wurde ich zu seinem Kind. Das machte mich unbeschreiblich glücklich. Ich dachte an die Tränen, die Jesus vergossen hatte, als er darüber gesprochen hatte, dass er uns so sehr liebt und dass sein Herz betrübt ist, weil unendlich viele Menschen dieses Geschenk ablehnen. Wie schrecklich muss es für einen liebenden Vater sein, wenn ihn seine Kinder verleugnen oder ignorieren?

Ich wollte von nun an meinen Teil dazu beitragen, ‚Papa' und die Menschen glücklich zu machen. Papa! Wie selbstverständlich mir dieses Wort in den Sinn kam! Jetzt war ich wirklich ein Kind, das seinen Papa liebte und sich nicht für ihn schämte.

Nach zwei Stunden legte ich eine kleine Pause ein, tankte und wollte ein paar Snacks in der Tankstelle bezahlen. Ein ständiges Lächeln lag auf meinem Gesicht. Ich hätte die ganze Welt umarmen können. Freundlich grüßte ich den alten Mann hinter der Theke. „Einen wunderschönen guten Morgen!", rief ich ihm entgegen. Positiv überrascht huschte ein Lächeln über sein Gesicht. „Na, das erlebt man aber selten, so viel gute Laune, und das schon in aller Herrgottsfrühe!"

Ich erwiderte: „Na, gerade deshalb, weil es ‚Herrgottsfrühe' ist!"

Verwundert schaute er mich an, als könnte er meinem Wortspiel nicht folgen. „Welche Säule hatten Sie denn, mein Herr?", wollte er wissen.

„Herr", antwortete ich, „nein, das bin ich nicht. Ich heiße Joe. Der Herr ist jemand anders!", gab ich lachend meinen Kommentar ab.

Der alte Mann kam sich wohl wie in einem Film vor. Jetzt verstand er gar nichts mehr. Aber er schien mich nicht als Spinner abzutun. Die ganze Zeit lag ein leichtes Lächeln auf seinem Gesicht. Ich bezahlte mit Karte. „Ciao", rief ich ihm beim Verlassen der Tankstelle zu.

„Mein Herr", rief er, „äh ... Joe!" Er lächelte. „Was immer Sie für eine Droge haben, wenn Sie zu viel davon haben, können Sie mir was davon abgeben."

Ich drehte mich um: „Wirklich?" Er schaute mich verdutzt an. Er wollte wohl einen Spaß machen und hatte nicht mit meiner Ernsthaftigkeit gerechnet. Also ging ich wieder zur Theke zurück und schaute in seine von Sorgen getrübten Augen.

„Kann es sein, dass es Ihnen nicht so gut geht? Verzeihen Sie, wenn ich so direkt frage. Aber mir ging es auch lange Zeit nicht gut." Flüchtig bemerkte ich, dass wir ganz allein in der Tankstelle waren. Kein einziger Wagen an den Zapfsäulen. Es schien, als hätte der im Himmel alles so eingefädelt. Warum hatte ich gerade hier getankt? Warum hatte der Mann mir diesen einen Satz hinterhergerufen? Aber ich sollte vielleicht besser einmal damit aufhören, alles zu hinterfragen, und einfach Gottes Führung darin erkennen. Einfach glücklich sein und das tun, was ich auf dem Herzen habe, nämlich ein Segen für Gott und Menschen sein. „Ich habe Gott kennengelernt und vertraue ihm. Das macht mich glücklich und frei. Das ist meine Droge. Möchten Sie auch etwas davon haben? Dann beten Sie doch mal."

Kritisch musterte mich der alte Tankwart. „Verzeihen Sie, aber das hört sich alles ein bisschen nach Sekte und Fanatismus an. Davon will ich nichts wissen."

Ich lächelte. Genauso hatte ich auch immer gedacht und konnte ihn somit gut verstehen. „Noch vor Kurzem habe ich meine Frau und meinen besten Freund als Spinner bezeichnet. Ich bin Ihnen nicht böse. Ich verstehe Sie sehr gut. Doch eine Frage möchte ich Ihnen noch stellen. Ich könnte von vielen Wundern berichten, die ich in den letzten Stunden mit Gott erlebt habe. Aber wie viele Wunder haben Sie eigentlich mit Ihrem Unglauben erlebt?"

Er schaute mich völlig verwundert an. Das saß. Er wurde still und seine Augen füllten sich mit Tränen. Mein Blick ging nach draußen. Es herrschte reger Verkehr, aber es war immer noch kein einziges Auto an der Tankstelle. Dann fuhr er fort: „Ich weiß nicht, warum ich Ihnen das jetzt erzähle. Aber Sie sind ja fremd und gleich wieder weg. Was kann es da schaden? Ich habe immer an mich, meine Frau und meine Kinder geglaubt, bis meine Frau mich verlassen hat. Da habe ich aufgehört zu glauben. Die Kinder sind schon lange aus dem Haus und gehen ihre eigenen Wege. Meine Enkel dürfen ihren Opa nicht sehen. Die schämen sich alle wegen mir. Meine Frau hat sich danach einen wohlhabenden Gauner geangelt, der ihr alles geboten hat, was ich nicht hatte. In meinem Schmerz fing ich an zu trinken. Dann verlor ich meinen Job. Besuch bekomme ich heute kaum noch. Ich bin dankbar, dass ich hier seit kurzem etwas zu meiner Rente dazuverdienen kann. Jeden Tag schaue ich mir die Autos an, die kommen und gehen. Viele rasen vorbei. Wenn ich zu Hause hocke, schau ich aus dem Fenster und hoffe, dass einmal ein Auto anhält und meine Kinder und Enkelkinder sich mal zu mir verirren. Wissen Sie, ich habe nicht mehr viel vom Leben zu erwarten. An was, bitte, soll ich also glauben?"

„An Gott", sagte ich ihm. „Hätten Sie doch nur eine leise Ahnung, wie sehr er Sie liebt!" Ich überlegte. „Warten Sie kurz, ich bin gleich wieder da. Ich möchte Ihnen etwas schenken." Ich rannte zum Auto und holte Bettys Bibel mit den angekreuzten Zitaten. „Hier, bitte schön! Das ist das Wertvollste, was ich habe. Ich weiß, Sie können kaum etwas damit anfangen, aber bitte nehmen Sie es! Den Rest müssen Sie selbst tun: lesen und vertrauen."

Ein Lächeln gesellte sich zu seinen Tränen. „Wissen Sie, ich habe immer allen vertraut: meiner Frau, meinem alten Chef und meinen Kindern. Aber alle haben mich enttäuscht und im Stich gelassen ... Aber gut, Sie meinen es sicherlich gut mit mir. Versprochen! Ich werde ein bisschen darin lesen. Schlimmer kann es ja nicht kommen."

11 – In Freiheit leben

Zum Abschied drückte ich ihm ganz fest die Hand. Er sollte das Leben und die Kraft in mir spüren. Ich schaute ihm in die Augen und flüsterte ganz sanft: „Gott segne Sie!" Für solche Sprüche hätte ich Martin früher mit Verachtung gestraft. Und nun kamen sie aus meinem eigenen Mund!

Der alte Mann lächelte zurück. Eine getrocknete Träne auf seiner Wange und sein Lächeln gaben seinem Gesicht eine besondere Note. „Jetzt hab' ich kapiert, warum Sie das mit dem ‚Herr' und mit der ‚Herrgottsfrühe' so betont haben. Vielen Dank! Gute Fahrt!"

Ich fühlte mich super. Just in dem Moment, als ich zum Auto lief, fuhren zwei PKWs vor die Zapfsäulen. Ich schmunzelte und flüsterte zum Himmel: „Danke!" An meinem Auto entdeckte ich einen Schmetterling auf der Frontscheibe. Diesen hübschen kleinen Kerl sah ich mir länger an. Wunderschön! Diese Farben und Muster! Ein Wunder! Noch nie hatte ich einen Schmetterling so intensiv betrachtet. Und es gab tatsächlich Menschen, die behaupten, so etwas entstehe durch Zufall! Und ich war auch einer von ihnen gewesen! Aber jetzt kenne ich den Urheber und Designer. Und ich habe jemanden, dem ich für all das danken darf.

Während meine Gedanken kreisten, flog das kleine Wunder weg. Ich setzte mich ins Auto und fuhr die restlichen Kilometer. Ich freute mich wie nie zuvor auf meine Familie, meinen Freund, mein Zuhause und meine Arbeit. Jahrelang war das alles eine Last gewesen. Doch nun war ich voller Freude und Ziele. Mein Handy hatte ich ausgeschaltet, da ich sie alle mit meiner Ankunft überraschen wollte.

12 – Die Überraschung

Mit jedem Meter, den ich der Heimat näher kam, pochte mein Herz schneller. Die letzten Meter zum Haus ging ich zu Fuß. Ich ging noch kurz beim Blumenladen um die Ecke vorbei und besorgte zwei Blumensträuße. Beide Hände voll beladen, ging ich auf die Haustür zu und klingelte so gut ich konnte.

Geräusche waren zu hören. Wie war ich noch vor Kurzem aus diesem Haus gegangen? Ohne ein Lächeln, ohne Freude und mit leerem und ausgebranntem Herzen. Nun stand ich hier mit Blumen und freute mich über tausenderlei kleine Dinge.

Die Tür öffnete sich. Alles wie in Zeitlupe. Ich konnte es kaum erwarten. Da stand Betty mit einem überraschten Gesicht vor mir. Sie schrie vor Freude auf: „Joe, Liebling! Du hier? Bist du's wirklich?"

„Und ob ich es bin! Ich bin's wirklich!" Dann drückte ich sie fest an mich. „Betty, ich liebe dich! Ich habe Gott gefunden!"

„Du hast ... was?", fragte sie mich erstaunt. Sie drückte sich leicht von mir weg, um mich anzuschauen. Wir blickten uns tief in die Augen. „Ja, Betty, ich habe Gott gefunden. Deine Worte, deine Segenswünsche und meine tiefe Sehnsucht nach Jesus haben Gott und mich zusammengebracht."

Ungläubig schaute sie mich an. „Machst du jetzt einen Spaß mit mir? Oder hast du dir mit Martin einen Scherz ausgedacht?"

„Nein, Mäuschen", sagte ich begeistert. So habe ich sie früher immer genannt, weil sie so süß und so schüchtern wie ein Mäuschen war. „Ich hatte die schönste und tollste Nacht, die je ein Mensch haben kann."

„Hast du getrunken? Oder eine andere?", fragte sie lachend und freute sich mit mir.

„Nein, das ist eine lange Geschichte. Ich weiß noch nicht, wie ich sie erzählen soll. Aber alles zu seiner Zeit. Ich bin glücklich, habe Frieden mit Gott, fühle mich wie neu geboren. Mein Herz, das noch vor Kurzem lichterloh vor Leere und Schmerz brannte, ist voller Freude, Sinn und Liebe für Gott und Menschen. Ich konnte mich selbst nicht mehr ertragen, war ungerecht und launisch zu dir und den Kindern, beachtete viele kleine Wunder einfach nicht mehr, fing Streit an mit meinem besten Freund, der Nachbarin und mit Kunden. Aber das hat jetzt ein Ende. Ich werde wohl nicht von heute auf morgen ein Engel sein, aber ich will mit Gottes Liebe den Menschen begegnen. Nur eines zählt, dass ich nämlich ein geliebtes Kind Gottes bin und diese Liebe verschwenderisch an die Welt weitergeben darf."

Ich strahlte über's ganze Gesicht. Betty blühte auf und freute sich unbändig mit mir. Sie drückte mich fest an sich. „Dafür habe ich gebetet und davon geträumt. Ich liebe dich, mein geliebter Mann. Ich liebe dich, mein Joe!" Ich spürte ihren angenehmen Atem. Ihr warmer und wohlgeformter Körper presste sich fest an meinen.

12 – Die Überraschung

„Schatz, was machst du? Die Kinder haben doch jetzt Schule aus, oder?", fragte ich wie ein aufgeregter Teenager.

Betty lächelte und flüsterte: „Keine Ausrede, die Kinder haben heute Wandertag. Die kommen frühestens in zwei Stunden. Sonst noch irgendwelche Ausreden?"

„Ne, ne, ne ..." Ich hielt sie in meinen Armen. Betty kicherte. Die Blumen mussten erst mal auf Vase und Wasser warten. Betty streichelte meine Arme. „Ich liebe deine Muskeln, wenn du mich trägst. Es ist schon viele Jahre her, dass du mich so getragen hast."

„Aber ganz sicher nicht das letzte Mal", erwiderte ich. „Viele Jahre konnte ich mich nicht einmal selbst ertragen. Doch das ist nun Vergangenheit."

Unser Atem wurde wilder und hektischer. Wir hörten auf zu diskutieren und zu erklären. Unsere Küsse und Zärtlichkeiten beantworteten alle Fragen und wischten alle Ängste und Sorgen weg. Stunden vergingen. Wieder verlor ich jegliches Gefühl für Raum und Zeit. Es war Liebe. Es war ein echtes Geschenk, uns so spüren zu dürfen und der Liebe Ausdruck zu verleihen, ganz ohne Worte.

Wie lange hatte ich mich selbst nicht mehr gespürt oder Betty. Ich hatte mir Sorgen gemacht, dass sie heimlich was mit Martin hatte. Ich hatte ihr nicht mehr vertrauen können, weil ich mir selbst nicht mehr vertraut hatte. Ich Dummkopf! Ich hatte alles gehabt, nur nicht Gott. Ich hatte aus eigener Kraft gelebt, und die war nun zu Ende gegangen. Ich wollte diese Quelle nicht mehr haben. Weil ich Gott nicht hatte, konnte ich vieles nicht so sehen, wie es in Wirklichkeit war. Ich konnte in vielem keinen Wert mehr erkennen, weil ich das Wertvollste nicht haben wollte: Gott.

Meine Hände glitten über ihren schönen Körper. Tausend Küsse liebkosten mein „Mäuschen". Wir waren völlig eins. Unser Atem vermischte sich zu einem Liebesgeflüster. Alles drehte sich. Mein Herz pochte, meine Seele schnappte nach Leben und nach Liebe – und bekam alles. Ich spürte mit allen Sinnen die Liebe Gottes.

Auch das ist ein Geschenk, sich im Liebesrausch fallen lassen, vertrauen, lieben und geliebt werden zu können. Nicht aus Gier oder dem Gefühl, besitzen zu wollen, sondern aus Liebe. Sie macht die kleinste Zärtlichkeit zu etwas Besonderem, zu etwas Göttlichem und Reinem. Nach langer Zeit fühlte ich mich in allen Belangen mal wieder wie ein Mann.

Betty lag in meinen Armen, erschöpft und überglücklich kicherten wir um die Wette. Erinnerungen kamen hoch. Ich liebte sie wieder.

Nein, wir hatten nicht das, was man allgemein als Sex definiert, wenn Frauen und Männer meistens am Wochenende losziehen, um auf Beutejagd zu gehen, oder wenn sich Menschen damit brüsten, wie viele sie schon gehabt haben. Nein, davon spreche ich nicht. Ich spreche über die Liebe, die ich als Mann so noch nie empfunden hatte. Ich spürte auch hier Gott, sein Ja zu Leidenschaft, zu diesem Verschmelzen und Einswerden. In jenem Augenblick spürte ich ganz stark, wie heilig und wichtig Sexualität für Gott ist. Nur aus der Liebe heraus wird sie zu etwas Besonderem. Sie ist nicht käuflich, sie poliert nicht unser Selbstwertgefühl kurz auf und sie lässt sich auch nicht erflehen oder erzwingen.

12 – Die Überraschung

Während wir uns verträumt und erschöpft in den Armen lagen, kreisten unzählige Gedanken durch meinen Kopf. Tausende Ströme wunderbarer Gefühle durchfluteten meinen Körper und meine Seele. So hatte ich mich noch nicht gefühlt. Es ist wunderbar, Gott in allem zu erleben und zu spüren. Während mein Mäuschen vor Zufriedenheit schnurrte, blickte ich zum Fenster raus und schaute in den Himmel. „Danke, Papa!", schickte ich einen Gruß zum Himmel. Betty hörte mein Flüstern und drückte sich noch näher an mich ran. „Danke, Papa! Und danke, Joe!", flüsterte sie mir ins Ohr, was bei mir eine wohlig angenehme Gänsehaut erzeugte.

Nun war ich wieder ein Mann! Ich hätte es am liebsten in die ganze Welt hinausgeschrien. Ich fühlte mich pudelwohl! Und wieder glitt mein Blick nach draußen. Ein Schatten baute sich vor dem Fenster auf und ein großes Fahrzeug versperrte den Blick aus dem Fenster. Der Schulbus! „Die Kinder kommen!", rief ich. Wir sprangen gleichzeitig aus dem Bett und kreischten aufgeregt. Wir kamen uns wie Teenies vor, die Angst davor haben, von ihren Eltern ertappt zu werden. Bei uns war es genau anders herum.

Voller Hektik und Stress sammelten wir unsere Klamotten ein, die wir in unserem Liebesrausch in der ganzen Wohnung verstreut hatten. Noch wenige Sekunden! Wo waren bloß meine Socken? Betty war schneller als ich. Einige Sekunden später öffnete sich die Tür. Wir standen wie ertappt im Flur. Mein Hemd hing raus, ein Socken fehlte und Bettys Haare sahen aus wie nach einem Wirbelsturm. Das muss ein herrliches Bild gewesen sein! Steffi und Tim standen mit geöffnetem Mund da und musterten uns. „Dad", fragte mein Sohn, „solltest du nicht auf Geschäftsreise sein?" „Was ist mit deinen Haaren, Mum?", fragte Steffi gleich hinterher.

Tim bückte sich und hob die gesuchte Socke wie eine tote Maus mit zwei Fingern in die Höhe. Hastig packte ich den Socken und wollte ihn anziehen. Während ich in der ganzen Aufregung mein Bein anhob, verlor ich das Gleichgewicht und ging wie ein Boxer nach einem Leberhaken zu Boden. Tosendes Gelächter schallte durch das ganze Haus. „Hey, wollt ihr wohl mal aufhören, den Mann des Hauses auszulachen?" Auf einmal geschah etwas, was ich schon viele Jahre nicht mehr erlebt hatte.

Meine Kinder spürten in wenigen Augenblicken, dass ich nicht mehr der Alte war, der herumnörgelte und sich selbst nicht mochte. Sie wussten nicht warum, fühlten aber sehr wohl, dass alles anders war. Die Kids und Betty stürzten sich auf mich. Wir tobten um die Wette, und eine wilde Schlacht entbrannte in unserem kleinen Haus. Ich kämpfte mich von unten nach oben und spürte die Kraft meines Sohnes. Mein Herz raste. Der hatte ja schon richtige Muskeln! Er war zäh und fast stärker als ich. Nein, er war sogar stärker! War das schön, sie alle zu spüren. Ich spürte wieder ganz neu, was es bedeutete, Menschen zu lieben und ihnen zu vertrauen. Ich spürte, dass mich Gott selbst in dieser kleinen Rauferei beschenkte. Wir lachten und brüllten durchs ganze Haus. Die Mädels zwickten sich ab und zu. „Hör auf zu kitzeln!" Aber jedes Flehen belohnten wir mit noch mehr liebevollen Gemeinheiten.

Dann saßen wir kraftlos, erschöpft und voller Freude zu viert auf dem Boden. Plötzlich liefen Tränen über mein Gesicht. „Paps, warum weinst du?", fragte mich meine wunderschöne Tochter. „Ach, Kinder, ich bin so glücklich! Verzeiht mir bitte, dass ich in den letzten Jahren so ein Ekel war. Es ist so unvorstellbar viel geschehen. Eines Tages werde ich euch das alles erzählen. Aber ab heute wird vieles anders werden. Ich habe Gott kennengelernt und mich entschlossen, ihm zu vertrauen und mein Leben mit ihm zu meistern. Stopp! Bevor ihr denkt, ich sei verrückt geworden, gebt mir bitte die Zeit, es euch zu beweisen."

„Dad", sagte mein Sohn und blickte mich dabei entschlossen an. „Du hast alle Zeit, die du brauchst. Du bist doch unser Dad!" Ich drückte meinen Sohn so fest wie schon lange nicht mehr. Wie groß er doch geworden war! Ein richtiger Mann, voller Kraft und Lebensfreude. Das alles war mir kaum aufgefallen. Ich schaute ihn an: „Am Sonntag gehen wir fischen! Nur du und ich. Und danach sitzen wir am Lagerfeuer wie richtige Abenteurer." Dann drehte ich mich zur Seite und griff nach den Blumensträußen, die zu meinem Erstaunen das Gefecht im Flur überlebt hatten. Den ersten gab ich Betty: „Für die schönste Frau der ganzen Welt! Für dich, liebe Betty!" Den zweiten gab ich meiner Tochter: „Und der ist für eine unfassbar schöne und tolle Prinzessin, für meine Tochter!" Ich spürte den Wert dieser Worte. Das war nicht irgendein Gerede. Es kam aus Liebe heraus. Und Liebe hat einen Namen: Gott.

„Gott ist die Liebe; wer in der Liebe bleibt, der bleibt in Gott und Gott in ihm."

Nun verstand ich diesen Vers aus der Bibel. Seit mir Gott begegnet war und ich Ja zu ihm und seinem Geschenk gesagt hatte, sah ich vieles in einem anderen Licht.

Menschen, die mit leerem Blick umherjagten, konnte ich ganz neu bewerten. Ich konnte die Not des Tankwartes und die Faszination jenes Schmetterlings erkennen. Ich freute mich auf mein Zuhause, meine Familie und meine Arbeit. Ich sehnte mich danach, mich bei vielen für meine grobe Art in den letzten Jahren zu entschuldigen. Alles war nun ganz anders! Und alles, nur weil ich die Dinge nun mit den liebevollen Augen desjenigen Mannes betrachtete, der mir in der Nacht zuvor den Sinn des Lebens erklärt und in mein Herz hineingelegt hatte: Jesus.

Ich spürte immer mehr seine vollkommene Liebe – in jedem Lächeln, jeder Zärtlichkeit, jeder Umarmung. Früher wollte ich Gott nicht in meinem Haus haben. Er akzeptierte das, weil er ein Gentleman ist. Erst als ich fast zugrunde gegangen war und ihn um Hilfe gebeten hatte, war er in mein Leben gekommen.

Ich lebte wieder! Und wie! Gott sei Dank!

13 – Aufräumarbeiten

Ein wunderbarer Friede herrschte in unserem Häuschen. Gott war willkommen. Ich ging nochmals zum Blumenhändler um die Ecke und kaufte noch ein Sträußchen für meine Nachbarin. Der Blumenhändler war ziemlich erstaunt über meinen plötzlichen Blumenwahn.

Mit jenem Blumenstrauß bewaffnet, steuerte ich die Haustür meiner ehemaligen Kriegsgegnerin an. Mein Herz pochte laut. „Herr", betete ich, „bitte hilf mir! Ich werde mein Bestes geben. Bitte mach' du den Rest. Ich liebe dich und brauche dich!" Leicht zitternd klingelte ich. Frau Schmidt öffnete rasch die Tür. Sie ist Mitte fünfzig, verwitwet und nicht immer einfach. Als sie mich erblickte, erstarrte ihr Gesicht wie ein Eisblock. Aufgeregt hielt ich ihr den Strauß entgegen. „Hallo, Frau Schmidt! Verzeihen Sie, wenn ich Sie so überfalle. Ich möchte mich bei Ihnen entschuldigen. In den letzten Jahren hatte ich große Probleme und war zu vielen Menschen ziemlich gemein gewesen. Hier eine kleine Geste als Zeichen meines guten Willens. Entschuldigen Sie bitte vielmals!"

Verwundert schaute sie mich an. Aus ihrem Mund kam ein völlig überraschtes „Dankeschön". Sie war eine gepflegte, stattliche Dame. Ich lächelte und machte auf dem Absatz kehrt, bis die Stimme von Frau Schmidt erneut erklang: „Äh ..., Herr Nachbar", fing sie zu stottern an, „wenn das so ist, muss ich mich bei Ihnen auch entschuldigen. Wir haben wohl beide vieles zu tragen gehabt und unser Schmerz hat uns launisch und unberechenbar gemacht. Ich kenne den Schmerz, den Sie nach dem Verlust Ihres Vaters erlitten haben. Als mein Mann starb, ging es mir ähnlich. Danke, Herr, äh ..." Ich merkte, wie sie nach meinem Nachnamen suchte. Da lebten wir jahrelang Tür an Tür und wussten so wenig voneinander! „Joe", half ich ihr weiter, „Joe genügt." Sie lächelte. Ich glaube, ich habe sie noch nie so lächeln sehen. „Danke, Joe!", sagte sie und errötete leicht.

Das war einfach gewesen! Auch hier war Gott. Er wünscht sich Vergebung unter uns, auch wenn es nicht immer einfach ist. Selbst wenn Frau Schmidt abgelehnt und ganz anders reagiert hätte, so hätte ich doch meinen Teil getan.

Und wieder hatte ich ein gutes Gefühl. Ich wurde regelrecht von guten Gefühlen überschüttet. Ich wollte mehr davon. Ich wurde ganz süchtig danach, zu helfen und um Verzeihung zu bitten. Auch das gehörte zum wahren Mannsein dazu. Es machte mich richtig männlich, diesen Weg zu gehen, den Weg Jesu. Denn er ist der Weg. Alle Religionsstifter behaupteten, dass sie den Weg kennen würden. Aber Jesus ist der Weg. Das ist der Unterschied. Und ich hatte ihn gefunden! Ich war so glücklich, dass ich die ganze Welt hätte umarmen können.

Ich wusste, dass ich nun nicht davon befreit war, auch schlimme Dinge zu erleben, z. B. Verlust oder Enttäuschungen. Es gab auch weiterhin Lasten zu tragen, aber ich wusste: Ich werde das alles nicht mehr aus eigener Anstrengung heraus schaffen, da man dabei zugrunde geht. Man brennt aus und vereinsamt in seiner Seele. Man begibt sich auf Sinnsuche und zweifelt alles an.

Dann verzweifelt man und sucht das Mannsein in anderen Dingen wie Drogen, Sexualität, Glücksspiel, Esoterik oder Astrologie. Da werden wir getäuscht und vernebelt, auch wenn wir für kurze Zeit glücklich sind. Doch das ist nur der Schein. Und der trügt. Nur Er, der uns liebt und geschaffen hat, weiß, wofür er uns geschaffen hat, nämlich dass wir Kinder Gottes sind und zu Männern und Frauen werden, wie er es sich gedacht hat.

Ich lud Gott zu allem ein, was ich tat, teilte meine Sorgen mit ihm, dankte für alles, was ich hatte, und bat ihn, stets an meiner Seite zu sein. Und er tat dies auf eine unfassbar liebevolle Art und Weise.

Gott liebt mich! Welch eine unbeschreiblich schöne Tatsache!

14 – Vollkommen werden

Ich konnte es kaum erwarten, meiner Familie voller Stolz mitzuteilen, dass ich mit Frau Schmidt Frieden geschlossen hatte. Wahre Männer tragen einen Helden in sich, der stets für das Gute kämpft und nach Frieden strebt. Ich erinnerte mich daran, wie Jesus mir dies erklärt hatte: Männer werden dazu geboren, um wahrhaft Mann zu sein. Sie alle tragen tief in ihrem Innersten einen Helden, und Sehnsucht treibt sie voran. Wenn diese Sehnsucht nicht gestillt wird und wir nach Ersatz suchen, brennen wir aus und unser Männerherz verbrennt.

Betty kam sich vor wie in einem Traum. All ihre Gebete waren mehr als erhört worden. Darüber war sie sehr glücklich. Meine Sehnsucht trieb mich immer weiter an. Ich wollte immer mehr Menschen glücklich machen und jagte dem Frieden nach. Ich nahm mein Telefon und rief einige Bekannte an, die weit weg wohnten. Sie sollten nicht länger auf Frieden warten müssen. Wer erst morgen Frieden stiften will, lebt heute noch im Krieg. Deshalb wollte ich es gleich tun. Nie wieder wollte ich ein freundliches Wort zurückhalten. Wie oft wollte ich meinem Dad sagen, dass ich ihn liebe. Aber eines Tages war es plötzlich zu spät gewesen. Durch den Schmerz habe ich allerdings sehr viel gelernt. Vor jedem Telefonat kam ich kurz zur Ruhe und legte es in Gottes Hand. Dann rief ich überglücklich sämtliche Leute an, denen ich in den letzten Jahren Unrecht getan hatte. Alle waren verwundert, wirklich alle. Woher die Einsicht? Warum auf einmal Reue? Was denn mit mir los sei? Das waren nur einige Fragen, die ich zu hören bekam. Doch den Besuch von Gott in meiner Hütte behielt ich für mich. Sie hätten es mir sowieso nicht geglaubt. Sie sollten einfach durch meine Veränderung sehen, dass Gott in mir lebt. An jedem freundlichen Wort, jedem Lächeln, all dem Guten, das wir tun, und mit jedem Liebesbekenntnis zu Gott zeigen wir der Welt, dass Gott lebt.

Jesus sagte einmal: „Ihr sollt vollkommen werden." Ich hatte diese Worte nie verstanden. Doch jetzt konnte ich sie erleben. Als ich in der Hütte in seine Augen sah, sagte ich Ja zu dieser unfassbaren Liebe. Als ich erkannte, was Jesus am Kreuz von Golgatha erlitten hatte, spürte ich diese unbegreifliche Liebe von Gott zu den Menschen. Ich wollte nur noch sein Kind sein und mit ihm meinen Weg gehen. Mit jedem Schritt, jedem liebevollen Gedanken an ihn und jedem Gebet erfuhr ich, was es bedeutete, ein vollkommener Mann zu werden, wie Gott es wollte: Ein Kämpfer der Gerechtigkeit, ein Streiter für die Liebe, einer, der den Geringsten achtet und schätzt und den Kleinsten behandelt wie einen König. Jeder, der seine Wurzeln und seine Bestimmung kennt, lebt wahrhaftig. Er sucht Frieden, sieht die Schönheit, die jede Frau in sich trägt, und kämpft für jene, die es nicht selbst tun können. Natürlich wird er auch angegriffen und verletzt. Die Welt dort draußen wird gegen ihn sein, weil er anders ist. Doch Gott selbst wird für ihn streiten und seine Wunden heilen. Dann wird der Kämpfer seine Narben wie einen Orden tragen. Er wird nicht müde, diesen Kampf zu kämpfen, solange es sich lohnt.

Jeder einzelne Anruf und jede Bitte um Verzeihung war ein weiterer Schritt zur Vollkommenheit.

Entspannt lehnte ich mich nach einigen Telefonaten zurück und genoss die Stille. Ich hätte nie für möglich gehalten, wie unfassbar schön es sein kann, um Verzeihung zu bitten. Dabei krümmte ich mich nicht, kroch nicht am Boden und verlor auch nicht meinen Stolz. Im Gegenteil, es machte mich stolz. Es verlieh mir noch mehr Kraft. Schritt für Schritt kam ich dem näher, was sich Jesus wünschte, nämlich unsere Vollkommenheit. In diesem Leben werde ich das wohl nicht mehr ganz schaffen, da ich ein Mensch mit Ecken und Kanten bleibe. Aber ich kann hier und jetzt mein Bestes geben. Den Rest wird Papa machen. Ich bezeichnete Gott ganz selbstverständlich als Papa. So hat es uns Jesus gelehrt. Wie hatte ich nur mein bisheriges Leben ohne ihn leben können? Was waren meine Ziele gewesen? Familie, Job, Haus und Auto? Das alles macht das Leben angenehmer, aber Gott wollte mir mehr geben, nämlich sich selbst und seine vollkommene Liebe. Wieso war ich nur all die Jahre vor ihm davongelaufen? Mein Vater hatte sich stets bemüht, mir Gott näher zu bringen. Auch Betty und Martin hatten immer ihr Bestes gegeben. Ich wünschte mir in jenem Augenblick, dass alle Menschen so dachten und fühlten wie ich und zu ihm Papa sagen könnten.

Liebe kann man nicht erzwingen, selbst Gott nicht. Er sehnt sich nach unserer Liebe. Ich erinnerte mich an seine Augen, die sich mit Tränen füllten, als ich ihn fragte, ob manche verloren gingen. Der Gott des gesamten Universums, der König aller Könige, weint um den Kleinsten und Geringsten, der ihm den Rücken zukehrt.

Es ist nun mal so: Väter können weinen, wenn ihre Kinder nicht mehr mit ihnen reden.

Wie oft habe ich Dads liebevolles Bemühen um mich mit Lächeln und Schweigen quittiert. Wie oft hatte ich keine Zeit für ihn gehabt und war wütend auf ihn gewesen. Wie oft war er meinetwegen traurig gewesen? Könnte ich nochmals von vorne anfangen, würde ich vieles anders machen. Doch wie oft hatte ich Fehler gemacht und Gott schuf daraus etwas Neues! Ich kann und will gar nicht alles verstehen. Ich will lernen zu vertrauen.

Während ich so in Gedanken versunken war, ging die Tür auf. Betty stand mit einer Tasse Kaffee vor mir. Der Duft drang an meine Nase. Das war genau das, was ich jetzt brauchte. Als könnte sie meine Gedanken lesen! „Schatz", sagte sie eindringlich, „was ist letzte Nacht geschehen?" Sie schaute mich fordernd an. „All meine Gebete, Hoffnungen und Wünsche wurden über Nacht um das Tausendfache übertroffen!"

„Liebling", versuchte ich zu erklären, „gib mir bitte Zeit. Ich brauche Zeit für meine Veränderung. Zeit, in der du, die Kinder und alle anderen selbst erleben können, was mit mir los ist. Wenn ihr alle mit dem Herzen schaut, dann muss ich nichts mehr erklären. Das würden die meisten ohnehin nicht verstehen oder glauben. Weißt du, Mäuschen, viele Leute machen viele Worte und ihre Taten sprechen dann eine ganz andere Sprache. Lass mich bitte beides tun. Und wenn ich mal falle, wird Gott mich trösten und wieder auf die Beine bringen. Ich bin jetzt noch nicht bereit, darüber zu sprechen. Also gib mir bitte die Zeit, ein Mann zu sein. Vielleicht würde manches kaputt gehen, wenn ich jetzt alles erzählte. Ich werde es dann tun, wenn es an der Zeit ist. Okay, mein Schatz?"

Betty schmiegte sich an mich und flüsterte: „Okay, ich vertraue dir. Ich habe Zeit, und wir haben auch Zeit, und wenn es sein muss, dann die ganze Ewigkeit."

„Ja!", bestätigte ich, „wir haben die ganze Ewigkeit! Der Gedanke daran, dass etwas niemals aufhört und kein Ende findet, ist unfassbar. Es ist nicht zu begreifen."

Und wieder erinnerte ich mich an die Worte Jesu und sprach sie laut aus, während Betty in meinen Armen lag:

Was kein Auge gesehen und kein Ohr gehört hat, was keinem Menschen in den Sinn gekommen ist: das Große, das Gott denen bereitet hat, die ihn lieben.[1]

„Wir werden es erleben. Er hat es versprochen", sagte Betty mit sanfter Stimme.

---

[1] 1. Korinther 2,9.

15 – Erfüllte Hoffnung

Ich freute mich auf alles, was vor mir lag. Was mir früher immer Kraft geraubt hatte, das packte ich jetzt mit unbeschreiblicher Freude an. Meine Familie genoss dieses Glück. Die Freunde und Geschäftspartner, mit denen ich telefonierte, freuten sich ebenfalls über meine wundersame Wandlung. Meiner Nachbarin hatte ich sogar ein Lächeln ins Gesicht zaubern können.

Für den Abend hatten wir Martin spontan zum Essen eingeladen. Der würde Augen machen! Ich konnte kaum abwarten, wie er wohl auf mein Ja zu Gott reagieren würde und mein Brennen und Verlangen, jeden Tag mit Gott zu gehen.

Ich war voller Eifer, allen Bekannten und Lieben zu erklären, dass ich auf der Suche nach mir selbst Gott gefunden hatte. Wer nur an sich denkt und immer um sich selbst kreist, wird müde und einsam. Ich habe gesucht und gefunden. Als ich meine Reise angetreten hatte, war ich mit einem kleinen Fünkchen Hoffnung losgefahren. Dieser Funke hatte dann einen Großbrand entfacht, mit dem ich nun so viele Menschen wie möglich anstecken wollte, auch auf die Gefahr hin, dass ich Menschen begegnete, die so sind, wie ich früher war. Ablehnende und negative Leute, die einen in die Kategorie „Spinner und Sektenmitglied" abstufen. Doch das war mir egal. Ich nahm das Risiko bereitwillig in Kauf. Es gab da draußen ja noch viele Millionen, vielleicht sogar

Milliarden Joes, die nach Anerkennung suchen und dann obskuren Geschäftemachern, Astrologen oder Esoterikern auf den Leim gehen. Viele von ihnen suchen sicherlich ernsthaft. Aber da sie Gottes unfassbare Liebe zu den Menschen und sein liebendes Vaterherz nicht kennen, können sie es nicht begreifen.

Manche wollen die Wahrheit vielleicht auch gar nicht erkennen, weil sie von ihren Geschäften leben und nicht bereit sind, sich zu ändern. Viele haben Angst vor einem Neuanfang oder einer Veränderung. Wir klammern uns dann an das Alte, auch wenn wir darin nur Kummer und Schmerz erleben. So denken wir halt: Lieber so, wie es ist, bevor es noch schlimmer wird! Und da Angst und Unsicherheit in uns leben, wenn wir Gott keinen Platz in unserem Herzen geben, scheuen wir jedes Risiko, die Zukunft neu zu gestalten. Wer aber Gott in sich trägt, der weiß, dass er nicht allein ist. Kinder dürfen Fehler machen oder hinfallen. Sie wissen ganz genau, dass ein liebender Vater ihnen wieder auf die Beine hilft, ihre Wunden versorgt und sie tröstet. Sie sind sich seiner Liebe bewusst.

Wie leben wir Erwachsenen denn nur ohne die Gewissheit, von Gott als Vater geliebt und gewollt zu sein? Wir werden aus eigener Anstrengung leben und jegliches Wunder mit dem Zufall erklären. Liebe wird dann als ein biologisch-chemischer Prozess betrachtet, der sich im Gehirn abspielt. Ein Leben nach dem Tod gibt es nicht. Der Urknall ist dann die Ursache für Sonne, Mond und Sterne sowie die Erde mit ihren Bergen, Blumen, Vögeln und Menschen – wie lächerlich!

Wie lächerlich ist auch, dass ich selbst mein ganzes Leben damit verbracht hatte, Gott zu leugnen. Wie

15 – Erfüllte Hoffnung

schlimm und traurig muss es für unseren himmlischen Papa sein, wenn wir alles, was er uns anvertraut, dem Zufall und dem Urknall zuordnen. Wie traurig muss ein Vaterherz sein, wenn seine Kinder schweigen, ihn ignorieren, über ihn lachen oder ihn bewusst bekämpfen? Wie traurig muss mein Papa sein? Wie viel Liebe muss er für uns aufwenden, dass er uns trotz all dem noch immer liebt? Wie viel Liebe muss in diesem Vaterherz brennen? Aber wenn etwas schiefgeht, fragen wir Gott ja immer gleich, wie er so etwas zulassen konnte.

16 – Der Spiegel

Ich sortierte meine Gedanken, denn ich hatte noch viel vor. Jetzt war Martin an der Reihe. Ich konnte sein Staunen, seine Verwunderung schon riechen. Ich freute mich darauf, mich bei ihm zu entschuldigen. Ich hätte nie gedacht, dass man sich auf so etwas freuen konnte. Doch es war tatsächlich so. Meine Liebe zu Gott und mein neu entdecktes Manngefühl trieben mich unermüdlich voran. Ich wollte mich noch kurz frisch machen und mir etwas Bequemes anziehen. Betty schickte sich an, etwas Leckeres zu kochen. Selbst die Kinder hatten sich für den Abend frei genommen. Das war wirklich eines der größten Wunder! Steffi hing gewöhnlich stundenlang am Telefon und Tim verbrachte oft ganze Nächte vor dem PC oder trieb sich mit Freunden herum, die ich kaum kannte. Woher denn auch? Ich war ja genug mit mir selbst beschäftigt gewesen. Doch das sollte sich nun mit jedem einzelnen Tag zum Guten wenden. Ich hatte mir bereits Gedanken über regelmäßige Vater-Sohn-Abenteuer-Touren gemacht.

Ich ging unter die Dusche und betrachtete den blauen Fleck, den ich mir beim Sturz in der Hütte zugezogen hatte. Die Rippen schmerzten immer noch, doch mein Tatendrang und mein neues Leben ließen die Schmerzen vergessen. Raus aus der Dusche und rein in die frischen, wohl duftenden Klamotten. Ich schaute auf die Uhr. Es blieb noch Zeit. Künftig wollte ich mir auf jeden

Fall mehr Zeit nehmen für das, was wichtig und wertvoll ist. Während ich mich pflegte, blickte ich in den Spiegel. Ich spürte das neue Leben in mir, Freude und Hoffnung. Ich spürte Gottes Liebe in mir. Sie ist wie eine Tankstelle für die Seele. Wir können daraus tanken so viel wir wollen, sie ist kostenlos. Wir können überschwänglich davon nehmen und jedem davon abgeben. Wir dürfen selbst über das Maß entscheiden. Der freie Wille ist eines der größten Geschenke, die Gott uns gab.

Zum ersten Mal in meinem Leben konnte ich entspannt in den Spiegel sehen. Ich dachte an die Nacht mit Jesus in der Hütte. An die vielen Wunder, den Schmetterling, den Tankwart, an Betty und die leidenschaftlichen, lustvollen Stunden mit ihr, an die wilde Rauferei mit den Kindern, und ich dachte an Frau Schmidt und alle Telefonate. Und bei allem spürte ich die Kraft, die mein Leben verändert hatte, mein Ja, das mich wahrhaftig leben ließ, und die Freude, andere um Verzeihung zu bitten. All das kreiste in meinem Kopf. Ich kam mir vor wie in einem Karussell. Alles drehte sich. Ich fühlte mich von Liebe getragen und beschwingt. Es war wie in einem Rausch. Mein Leben lief wie ein Film vor mir ab: meine Kindheit und Jugend, meine erste Liebe, mein erstes Mal, meine erste Zigarette und mein erster Rausch. Tja, und das jetzt war auch wie ein Rausch der Liebe, Freude und Geborgenheit.

Längst hatte ich den Boden unter den Füßen verloren. Alles taumelte und meine Gedanken flogen umher. Ich vertraute einfach, was auch immer kommen würde. Es war selbstverständlich, dieser Liebe zu vertrauen und mich fallen zu lassen. Da war kein Wort der Anklage mehr, nur Liebe.

Und dann sah ich ihn, Jesus. Wo war ich nur? In der Hütte? Im Badezimmer? Oder im Himmel? Hauptsache Jesus war da. Er war da in meinem Leben und jetzt in meinem Sterben. Stirbt man so? Ich hatte keinerlei Angst. Ich fühlte mich vom Himmel getragen, am Ende all meiner Ziele, Wünsche und Sehnsüchte. Nur Liebe umgab mich. Und die hat einen Namen: Jesus. Ruhe und Geborgenheit, Vertrauen und Hoffnung durchströmten meine Sinne und meine Seele.

Trotz aller Verfehlungen und Taten, die ich früher mit böser Absicht begangen hatte, war ich nun frei, weil er für mich bezahlt hat. Ich war ihm so wichtig, dass er mein Kreuz zu seinem machte und alle Schmerzen und Strafen, die ich verdient gehabt hätte, auf sich nahm. Was für eine unbeschreibliche Liebe! Sein Gesicht tauchte wieder vor meinen Augen auf.

Er sprach: „Joe, kennst du mich und liebst du mich?"

„Ja, Herr! Ich kenne dich und liebe dich. Aber das weißt du doch."

„Ja, aber Väter hören es gerne, wenn ihre Kinder ihnen ihre Liebe bezeugen." Dies sagte er unfassbar liebevoll!

„Herr, dann sterbe ich eben!"

„Joe, mein Kind, das Alte in dir ist gestorben, damit neues Leben wachsen kann. Ich starb, damit jeder die Chance erhält, mit mir in Ewigkeit zu leben. Ein Weizenkorn wird in die Erde gelegt, um zu sterben. Aber das geschieht, damit danach neues Leben entstehen kann."

„Herr, warum verlor ich den Boden unter den Füßen? Warum lief mein ganzes Leben vor meinen Augen ab? Warum kommst du noch mal zu mir?"

„Damit dir bewusst wird, wie sehr du ohne mich gelitten hast und wie verzweifelt du warst. Und damit du erkennst, dass du nur durch mich deinen Wert und den Sinn des Lebens gefunden hast. Nun lebe dein Leben und erzähl' den Menschen von mir. Sie werden dich angreifen, beleidigen und hassen. Doch sei gewiss: Ich bin stets an deiner Seite. Niemals werde ich von dir weichen. Schäme dich meinetwegen nicht. Ich liebe dich, Joe! Ich liebe dich! Lebe weiter!"

Alles in mir versank in seinen Worten. Eine leichte Brise strich mir übers Haar. Majestätische Klänge drangen in mein Herz und meine Seele. Es war, als öffnete sich der Himmel in mir. „Ich liebe dich! Lebe weiter!", hallte es in meinen Ohren nach. Ich blickte zum Himmel. Lauter Farben, die kein Mensch je gesehen hat. Lachen und Freude drangen in mein Herz. Meine Sinne jubilierten. Tränen liefen mir übers Gesicht. Und wieder erinnerte ich mich: „Was kein Auge geschaut, was kein Ohr gehört, das hat Gott denen bereitet, die ihn lieben."

Er zeigte mir den Himmel. Tausende von Engeln schwangen sich empor, aber nicht von der Art, wie wir sie von Deko-Läden kennen, klein und pummelig. Nein, sie waren von majestätischer Schönheit, groß wie Berge, mit einem kindlichen Lächeln und voller Liebe. Sie hatten alle ein einziges Ziel: dem zu dienen, der auf dem Thron saß, meinem Herrn und Gott. Der Himmel war erleuchtet von einem Licht, das heller war als alles, was wir kennen. Und dennoch war es angenehm und voller Wärme und Liebe.

Wie viele Menschen glauben an Engel, aber nicht an den, der sie geschaffen hat. Jesus ist das Zentrum und der Mittelpunkt des Himmels. Und ich war ihm so wichtig,

16 – Der Spiegel

dass er für mich gestorben war und mir, meinem Dad, meiner Frau und Martin begegnet war. Er selbst war zu mir gekommen. Und nun durfte ich einen Einblick in den Himmel nehmen. Ich sah glitzernde Seen und Bäume. Es gab weder Krankheiten noch Schatten. Ich fühlte mich so beschenkt und geliebt wie nur ein einziges Mal zuvor in meinem Leben: als ich ihm in der Hütte in die Augen gesehen und sich der Himmel darin gespiegelt hatte.

Denn Gott hat die Welt so sehr geliebt, dass er seinen einzigen Sohn hingab, damit jeder, der an ihn glaubt, nicht zugrunde geht, sondern das ewige Leben hat.[1]

Dort oben werden wir also die Ewigkeit verbringen und zu Hause bei Ihm und den Engeln sein: ein Traum, die Erfüllung aller Wünsche und das Ziel aller Sehnsüchte!

„Ich liebe dich! Bitte lebe weiter!" Aber nein, das war nicht die Stimme von Jesus. Ich kannte diese Stimme. Es war Betty! Wo in aller Welt war ich nur? Meine rasante und endlose Fahrt durch mein Leben und die grenzenlose Freiheit des Himmels wichen langsam von mir. Ich hörte mein Herz schlagen und öffnete die Augen. Völlig verschwommen nahm ich eine Frau wahr. Es war Betty. „Wir haben ihn wieder! Gott sei Dank!"

Dann vernahm ich plötzlich eine mir vertraute Männerstimme. Ich erkannte sie sofort. Aber das konnte nicht wahr sein! Das durfte nicht sein, und das war absolut unmöglich! Diese Stimme sorgte sich und kümmerte sich um mich. Sie tröstete und ermahnte mich, wurde

---

[1] Johannes 3,16

selten laut und lachte mit mir. Ich wusste überhaupt nicht, was geschehen war und wo ich war. Aber in einer Sache war ich mir ganz sicher. Diese Stimme konnte nicht die sein, für die ich sie gehalten hatte. Ein Mann beugte sich über mich und lächelte mich an. „Mein Sohn! Da bist du ja wieder! Dem Herrn sei Dank!"

Ja, er war es wirklich. Die Stimme passte zu dem Mann, der hier eigentlich gar nicht sein durfte. Nebenbei bemerkte ich, dass ich in einem Bett lag. Meine Frau war an meiner rechten Seite über mich gebeugt, meine Kinder und Martin standen im Hintergrund. Und tatsächlich! Er war der Mann, den ich so vermisst und dem ich so wenig Wertschätzung entgegengebracht hatte. Kein Zweifel! Er war es! Es gab zwar keinerlei Erklärung dafür, aber er war es tatsächlich. Ich spürte seinen Stoppelbart und sein angenehmes Rasierwasser. Es war mein Vater und wir lagen uns in den Armen.

17 – Brennendes Männerherz

Freudenschreie und Jubelstürme fegten durch das Zimmer. Türen wurden aufgerissen, Hektik entstand. Ich war im Krankenhaus! Schwestern und Ärzte stürmten an mein Bett, kontrollierten sämtliche Funktionen an meinem Körper und überprüften die Monitore. Was war geschehen? Ich hatte so dermaßen viel erlebt, dass ich es schon fast gelassen hinnahm. Mein Vater, der doch eigentlich tot war, stand an meinem Bett und strahlte mich an. „Junge, was ist los mit dir? Du starrst mich an, als hättest du gerade ein Gespenst gesehen."

„Dad! Ja, so fühle ich mich auch! Äh ... was machst du denn eigentlich hier?"

„Schatz, beruhige dich", unterbrach mich Betty. „Du hattest heute Morgen im Bad einen Herzinfarkt. Du warst traurig und verbittert. Deshalb wolltest du eine Reise in die Berge machen, um abzuschalten. Aber wie fühlst du dich denn jetzt?"

„Ich war nicht in den Bergen?", stammelte ich. „Und Dad ist nicht beim Rasenmähen gestorben? Es gab keinen Besuch? Keinen Himmel? Keinen Schmetterling und keinen Tankwart? Alles nur ein einziger Traum?" Alle, die um mich herum versammelt waren, wunderten sich über meine stockenden Sätze.

„Ich lebe!", schrie mein Vater. „Ein harter Knochen wie ich stirbt doch nicht beim Rasenmähen! Du hast dir wohl den Kopf angeschlagen, mein Junge", gab mein Vater von sich.

Was war passiert? Es war alles so intensiv und einzigartig, dass es keine Illusion sein konnte. Auch kein Traum! Es musste wahr sein. Ich wollte mich aufrichten, als mich ein stechender Schmerz wieder aufs Bett warf. Was war das? Meine Rippen schmerzten. Ich hatte ein komisches Krankenhaushemd an, das ich kurz nach oben schob. Ein riesiger blauer Fleck kam zum Vorschein. Also es war doch kein Traum! Ich war in der Hütte genau auf diese Stelle gestürzt! Hektisch gestikulierend zeigte ich allen meinen blauen Fleck. „Und was ist das?", fragte ich. „Den hatte ich heute Morgen aber noch nicht!"

„Vielleicht hast du dich beim Sturz im Bad angeschlagen ...", sagte Martin, der nach einer Antwort suchte. Betty meinte: „Nein, das kann doch gar nicht sein! Er sank in meine Arme und ich versuchte, ihn zu halten. Dann ging er in die Knie und verlor das Bewusstsein. Davon kann der blaue Fleck ja wohl nicht sein!"

„Ist ja auch nicht so wichtig", warf mein Vater ein. „Hauptsache, wir haben jetzt unseren Joe wieder!"

Ich war so durcheinander, dass ich noch mal alles der Reihe nach durchging. Mein Leben hatte einem Chaos geglichen, nachdem ich angeblich um den Verlust meines Vaters getrauert hatte. Ich hatte mich nicht mehr als Mann gefühlt. Das hatte mich in die Einsamkeit und in Selbstmordgedanken getrieben. In meiner Not hatte ich zu Gott geschrien, ihn angeklagt und um Hilfe gebeten. Und dann hatte er mich in einer abgelegenen Hütte besucht, fern von jeder Zivilisation. Vor Schreck war ich gestürzt und hatte mich verletzt. Gott war in meine kleine

Welt gekommen und hatte sich mir zu erkennen gegeben. Er hatte mir den Himmel und seine Liebe gezeigt, mir das Mannsein und den Sinn des Lebens zurückgegeben. Ich hatte ganz von vorne begonnen und mich verändert. Danach hatte ich eine emotionale Begegnung mit einem Tankwart und einem Schmetterling gehabt. Ich war zu dem Vater geworden, den sich Kinder wünschen, und zu dem Mann, den eine Frau braucht. Ich hatte Betty so intensiv wie nie zuvor gespürt. Und nachdem ich mich bei all jenen entschuldigt hatte, zu denen ich ungerecht gewesen war, war Frieden in mein Herz eingezogen. Dann war ich zum Ausgang meiner Reise zurückgekommen, nämlich vor jenen Spiegel. Vergebung und Liebe waren mir geschenkt worden. Ich hatte den Himmel sehen dürfen und erleben, was es bedeutet, von Gott geliebt zu sein.

Und nun wache ich hier in einem Krankenhaus auf. Mein eigener Vater steht vor mir und man sagt mir, ich hätte einen Herzinfarkt gehabt und alles sei eine Einbildung oder ein Traum gewesen. Nein, das war es nicht! Alles in mir sträubte sich. Aber wer würde mir denn überhaupt glauben? Einem Menschen, der stets nur an das glaubte, was er sah. Es zählten doch immer nur Fakten! Und nun hatte ich keine vorzuweisen. Niemand würde mir glauben!

Nur langsam kam ich zur Ruhe, sammelte mich und realisierte meinen Zustand.

„Ich habe Gott gesehen und gespürt!", stieß ich aus. Dieser Satz schlug bei den anderen wie eine Bombe ein. Alle hielten den Atem an.

„Du hast ... was?", fragte Vater völlig überrascht.

„Ich habe Jesus gesehen, meinen Herrn und Gott!"

Alle blickten mich verblüfft an. „Du hast ja einen Schock! Und du hast geträumt...", versuchte Martin zu erklären.

„Nein, Martin, das habe ich nicht. Immer wieder hast du mir von Jesus erzählt und warst mir damit dauernd auf die Nerven gegangen. Nun weiß ich aber, zu wem ich gehöre. Du hattest in allem recht. Nur er schenkt unserem Leben Sinn und Freude. Er legt alle Sehnsüchte in unser Männerherz: das Streben nach Abenteuer und das Streben, ein richtiger Mann zu sein. Er hat sich mir persönlich gezeigt. Ich habe mit meinen eigenen Händen in seine Wunden gefasst und mit seinen Augen die Menschen gesehen. Er gab mir Antworten auf meine Fragen. Ich schaute in seine Augen und er hat mir den Himmel gezeigt. Martin, du hast doch dafür gebetet. Und Betty, du hast doch dafür gekämpft. Warum schaut ihr mich jetzt so ungläubig an? Vater, du wolltest mir immer die Liebe Gottes näher bringen. Und nun hat Gott eure Gebete erhört und ihr zweifelt daran? Wieso? Wie kann sich ein Mensch nach einem Herzinfarkt in wenigen Minuten so ändern?"

Ich holte tief Luft. „Betty, ich liebe dich. Kinder, ich bin's, euer Dad. Vater, ich habe mich so nach dir gesehnt. Ich hab' im ganzen Himmel ausgerufen, wie sehr ich dich liebe. Martin, ich hab mich schon so darauf gefreut, mich bei dir für all meine Gemeinheiten zu entschuldigen und dir für deine Freundschaft zu danken. Glaubt ihr wirklich, dass ein Herzinfarkt einen Menschen so verändern kann?"

Eine fremde Person schob sich den anderen vorbei und kam in mein Blickfeld. Es war ein Arzt. „Verzeihen Sie, wenn ich mich kurz einmische. Aber vielleicht hilft es Ihnen, der Wahrheit ein Stückchen näher zu kommen. Sie sollten wissen, dass Sie heute fast sieben Minuten lang klinisch tot waren!"

Vater begann zu schluchzen. „Was sind wir nur für Menschen! Ich glaube dir, mein Junge. Ich glaube dir von ganzem Herzen. Was für Wesen sind wir eigentlich, die Gott erst den Rücken kehren und ihn für alles Schlimme verantwortlich machen. Und wenn wir dann um ein Wunder bitten und er der Bitte nachkommt, zweifeln wir schon wieder! Bitte vergib mir meinen Unglauben, Joe! Ich liebe dich!"

So lagen wir uns alle in meinem Bett in den Armen. Ich sah den Arzt an. Es schien, als freue er sich darüber, dass wir weinten und uns in den Armen lagen. „Die Wahrheit und die Liebe haben einen Namen: Jesus!", rief ich dem Arzt entgegen. Er lächelte. Moment, dieses Lächeln in diesem Gesicht kam mir irgendwie bekannt vor. Ich fragte ihn, ob wir uns kennen würden. Er verneinte und meinte, dass dies unmöglich sein könne. Vieles ist unmöglich, aber nicht bei Gott! Jedenfalls ließ mir dies keine Ruhe. Ich fragte den Arzt nochmals: „Verzeihen Sie, Sie kommen mir wirklich bekannt vor. Kenne ich vielleicht Ihre Familie, Ihren Bruder oder Ihren Vater?"

„Das wäre aber ein großer Zufall! Mein Bruder ist nach Kanada ausgewandert und mein Vater? Na ja, was soll ich da sagen? Der ist nach der Trennung von unserer Mutter voll abgestürzt. Er begann zu trinken und wurde unausstehlich. Heute arbeitet er in einer kleinen Tankstelle an der Schweizer Grenze. Das wäre schon ein ganz besonderer Zufall, wenn Sie mich oder meine Familie kennen würden!"

Meine Augen begannen vor Freude zu funkeln. Großer Gott! Das war kein Traum! Herr, ich liebe dich! Nichts ist unmöglich! „Herr Doktor, ich kenne Ihren Vater. Gott hat mich zu ihm geführt. Fragen Sie ihn! Ich habe ihm meine kleine Bibel als Geschenk gegeben. Bitte fahren Sie noch heute zu ihm. Er braucht Sie dringend! Bitte nutzen Sie die Zeit. Tun Sie es heute noch, nicht erst morgen! Ich bitte Sie in Gottes Namen!" Der Arzt war gleichermaßen ergriffen und erstaunt. Er erkannte den Ernst in meiner Stimme und schluckte. „Was ist los? Worauf warten Sie noch?", beharrte ich. „Äh ... ich hätte jetzt dann ohnehin frei ... da könnte ich ..."

„Da könnten Sie Ihre Familie mitnehmen und zu Ihrem Vater fahren!", schlug ich vor. „Und denken Sie daran: Wer morgen nach Frieden suchen will, lebt heute im Krieg."

Eine Träne lief über das Gesicht des Arztes. „Sie haben ja recht. Er braucht seine Familie. Dieser alte Mann hat wirklich genug gelitten. Ich bin zwar nicht gläubig, aber was hier passiert, lässt sich wirklich nicht erklären."

„Wir müssen nicht immer alles erklären können. Wir sollten lieber Gott vertrauen und ihn lieben. Der Rest kommt dann von selbst."

„Vielleicht haben Sie recht. Ich werde fahren und nehme die Familie mit. Er hat lang genug gesoffen und sich und sein Umfeld vergiftet. Es wird Zeit, dass die Liebe siegt!"

Er verabschiedete sich und gab mir freundlich die Hand. Dabei blickte er mir entschlossen in die Augen.

„Was geht hier ab?", durchbrach Tim die gespannte Atmosphäre.

17 – Brennendes Männerherz

„Ach Tim, das besprechen wir am besten einmal alles bei einem Vater-Sohn-Tag. Wie wär's, wenn wir drei Männer am Sonntag fischen gehen und am Lagerfeuer über alles quatschen?"

„Ach – und ich alter Knochen darf auch mit?", fragte Vater erstaunt.

„Du musst sogar mit!", warf ich ihm zu.

„Und wir Prinzessinnen machen einen schicken Frauenabend! Wir quatschen über Schuhe, Kleider und Jungs!", konterte Betty und kicherte mit Steffi um die Wette.

Überschwängliche Freude und Lachen hallten durch das Krankenzimmer. Man hat uns sicherlich auf dem Flur gehört.

Mehrere Tage vergingen. Ich fühlte mich stärker als je zuvor. Dann endlich kam der Tag meiner Entlassung. Den Arzt konnte ich leider nicht mehr treffen. Ich hörte nur, dass er sich spontan ein paar Tage Urlaub genommen hatte und ein Kollege ihn freundlicherweise vertrat. Das war ein Wunder!

Es war so befreiend und schön, mit Gott durchs Leben zu gehen. Ich hatte ja noch so vieles vor. Die ganzen Telefonate und der Besuch bei Frau Schmidt. Oder war ich da nicht schon gewesen? Ich werde es herausfinden. Betty und ich liefen zum Parkplatz. Ich glaube, ich habe mein Auto vermisst. Mein Herz raste vor Aufregung. Ich sollte mich doch möglichst nicht aufregen! Doch das Herzklopfen ließ sich nicht vermeiden. Was war denn da im Kofferraum zu sehen? Ein alter Stuhl! „Oh Schatz! Bitte reg' dich jetzt nicht auf. Ich weiß nicht, wer dieses alte Teil da hineingetan hat. Vielleicht haben Opa oder Tim den alten Stuhl auf dem Flohmarkt ersteigert oder so. Ich hatte wirklich nicht die Zeit, dem Geheimnis auf die Spur zu kommen und das Teil zu entsorgen", hastete Betty.

Dann schoss ich los: „Nein, das ist kein Geheimnis! Das ist ein ganz besonderer Stuhl. Als ich in der Hütte war, hat Jesus darauf gesessen. Und dann habe ich den Stuhl einfach mitgenommen."

„Jesus? Darauf gesessen? Du machst mir richtig Angst!"

„Ja, Jesus saß darauf! Du musst keine Angst haben. Ich weiß nicht, wie das alles in den sieben Minuten geschehen konnte, und ich kann es dir nicht erklären. Jedenfalls war ich davon so ergriffen, dass er auf dem Stuhl saß, dass ich ihn einfach mitgenommen habe."

Bettys Staunen nahm kein Ende. Hätte mir vor wenigen Tagen jemand so eine Geschichte erzählt, hätte ich ihn für so viel Dreistigkeit übers Knie gelegt. Zu Hause angekommen, bekam der Stuhl einen Ehrenplatz. Bei jedem Essen und bei jedem Fest bleibt dieser Stuhl frei, da wir ihn eingeladen haben. Gott selbst ist unser Ehrengast.

Die Familie hatte nun wieder mehr Zeit füreinander. Ich entdeckte wieder den Mann in mir. Betty blühte richtig auf. Steffi entwickelte sich zu einer wahren Prinzessin mit Gott in ihrem Herzen. Tim und ich erlebten eine ganz neue Vater-Sohn-Beziehung. Ich lernte seine Freunde kennen und nahm mehr an seinem Leben teil.

Mein Vater starb nach einigen Jahren. Aber zum Glück konnte ich mich vorher von ihm verabschieden. Wir trauerten um einen lieben und wunderbaren Menschen, aber wir freuten uns auch, dass er da hinging, wo alle hingehen, die Gott lieben, zu unserem himmlischen

Vater. Ich freute mich sehr für Dad und vermisste ihn zugleich.

Was mir Dad beigebracht und Jesus ins Herz gelegt hatte, das versuchte ich von nun an in meinem Leben umzusetzen. Alles wurde neu! Alte Freunde, die unseren Glauben an Gott nicht teilen wollten, kehrten uns den Rücken. Neue Freunde kamen hinzu. Tagtäglich erlebten wir Gottes Liebe in jedem Menschen, in jedem Lächeln, in jedem Sonnenstrahl und in uns selbst.

Eines Tages ging ich zum Grab meines Vaters und schaute zum Himmel. Mir war, als ob mich der Himmel grüßte. Etwas Kleines flog durch die Luft und setzte sich auf die Blumen am Grab meines Vaters. Ein Schmetterling! Eine Raupe stirbt und wird als vollkommener und wunderschöner Schmetterling wie neu geboren.

„Ja, Vater, ich verstehe es. Das Alte muss sterben, damit das Neue geboren werden kann. Was uns hier auf der Erde zur Vollkommenheit fehlt, das machst du dann im Himmel vollkommen." Eine Träne lief über mein Gesicht. „Ich liebe dich, Dad. Ich liebe dich, Jesus. Ich liebe dich, Papa im Himmel."

Gott nahm mein verbranntes Männerherz und formte es völlig neu. In schweren Stunden und Tagen war ich durch dunkle Täler geschritten.

Aber du, mein Herr und Gott, hast mein Flehen gehört, meinen Schrei nach Anerkennung und Liebe wahrgenommen. Ich war dir keineswegs egal!
Du hast dich meiner erbarmt und mich angenommen. Du hast mir ein neues Herz gegeben, ein neues Männerherz. Du hast meine Sehnsucht gestillt und ein Feuer in mir entfacht. Du hast mir den Sinn des

*Lebens gezeigt, nämlich dein Kind zu sein. Ich darf
zu allem Ja sagen, was du für mich getan hast. Du
hast mir gezeigt, was es bedeutet, ein Mann zu sein.
Jesus, du warst der mutigste Mann, der je die Welt
betreten hat. Dir will ich nachfolgen! Du sollst mein
Weg sein! Danke, dass du mich so wertvoll gemacht
hast! Danke, dass du mein Männerherz neu entzündet hast!*

ZUM AUTOR

- Jahrgang 1970, verheiratet, zwei Kinder
- VIP-Bodyguard (u. a. Papstbesuch 2006, Muhammad Ali)
- Gewaltpräventionsberater für TV-Sendungen (u. a. bei ARD, Sat 1, RTL, Bibel TV, Pro 7) sowie an Schulen, in Heimen, Gefängnissen, Kindergärten, Gemeinden, Internaten, Firmen usw.
- Im Rahmen dieser Projekte hat Michael Stahl schon Hunderttausende Kinder und Jugendliche unterrichtet.
- Fachlehrer für Selbstverteidigung
- Buchautor: „Vater-Sehnsucht", „Ein Bodyguard – im Auftrag des Königs", „Tränen Gottes"
- Komponist und Texter von „Feel the Power"
- Mitbegründer der bundesweiten Kampagne „Wahre Helden – Stars gegen Gewalt"
- Ausgezeichnet mit dem „WERTE AWARD"

Der Autor steht gerne für Vorträge, Projekte, Kurse usw. zur Verfügung.

Kontakt:

Michael Stahl | Bahnhofstr. 12 | D-73441 Bopfingen
Tel. (+49) (0)7362 921906
www.security-stahl.de
www.team-mse.de

Management:

Hilda Kaufmann | Tel. (+49) (0)152 299 09 464

Ein weiteres Buch von Michael Stahl, das bei GloryWorld-Medien erschienen ist:

Vater-Sehnsucht

120 Seiten, Paperback

Immer mehr Kinder wachsen in dieser Welt ohne Vater auf oder erfahren von ihm Ablehnung, Vernachlässigung und Missbrauch statt Liebe.

Was wird aus diesen Kindern und letztendlich aus dieser Welt werden? Der Vater ist der erste Held im Leben eines Kindes. Dieser kann Wunden schlagen und sie auch heilen.

Michael Stahl lässt uns teilhaben an seiner eigenen schwierigen Geschichte mit seinem Vater. Er nimmt uns mit zu den Orten, an denen seine Wunden entstanden, aber auch zu den Orten seiner Heilung, als sein Vater und er schließlich echte Freunde wurden.

Er erzählt auch, wie er sich mit seinem eigenen Sohn versöhnte, nachdem er ihn jahrelang zugunsten seiner Arbeit vernachlässigt hatte. Und er berichtet, was er erlebt, wenn er in Schulen, Heime, Gefängnisse, Kindergärten, Gemeinden, Internate oder Firmen geht und dort Menschen hilft, sich miteinander zu versöhnen.

Das Buch hilft dem Leser, den Abenteurer und Helden in sich selbst zu entdecken und die wahren Sehnsüchte zu stillen. Es lässt ihn in eine Welt voller Liebe, Demut und Vergebung eintauchen und ist eine Schatzgrube für alle auf der Suche nach Wurzeln, Identität und Wahrheit.

Weitere Produkte von GloryWorld-Medien

„Kirche nach dem Herzen Gottes"

Uwe Pfennighaus
Nur Kinder kommen in den Himmel

Eine Geschichte aus dem Herzen Gottes; 128 S.; geb.

Sehr einfach und gleichzeitig tiefsinnig führt uns der Autor in eine Geschichte zwischen Leben und Tod. Die Frage „Was kommt nach dem Leben?" führt zu der Suche nach dem Ursprung unseres Daseins. Es beginnt eine Entdeckungsreise hin zu den verborgenen Sehnsüchten unseres innersten Seins … Ein besinnliches Buch mit viel Tiefgang und frischem Humor. Es erinnert an die Suche nach dem verlorenen Paradies.

Wayne Jacobsen / Dave Coleman
Der Schrei der Wildgänse

Aufbrechen zu einem freien Leben in Christus jenseits von Religion und Tradition; 220 Seiten, Paperback

Wie können wir heute als Einzelne und in Gemeinschaft in der Freiheit leben, zu der uns Christus befreit hat? Wie können wir religiöse Zwänge entlarven, die uns diese Freiheit immer wieder rauben wollen?

Die Autoren beantworten diese Fragen mitten aus dem Leben. Sie zeigen auf, wie wir heute ganz praktisch mit Jesus leben und eine Freude und eine Freiheit erleben können, von der wir bisher bestenfalls träumen konnten.

Wayne Jacobsen, Geliebt!

Tag für Tag in der Zuneigung des himmlischen Vaters leben, 240 S., Paperback

Jeden Tag ein Leben zu führen, in dem wir völlig sicher sind, dass wir bedingungslos von Gott geliebt sind – ist das wirklich möglich, und wie sieht das konkret aus?

Wayne Jacobsen bringt uns Schritt für Schritt nahe, wie tief die Liebe Gottes zu uns wirklich ist: Wir sind nicht zu Sklaven, sondern zu Söhnen und Töchtern berufen. Die liebevolle Zuneigung unseres Vaters im Himmel gilt uns in allen Umständen. Wir erfahren eine lebendige Beziehung zu ihm, die uns von der Qual der Scham befreit und uns so verändert, dass wir als seine Kinder leben können.

Frank Krause, Männerdämmerung

Auf dem Weg zu wahrer Identität und Stärke; 160 S.

Viele Männer stecken in der Krise. Sie wissen nicht, wer sie sind, und spielen Rollen, um anderen zu gefallen.

Gibt es eine authentische männliche Form von Transformation, wie Männer zu „echten" Männern werden? Wer hilft ihnen dabei, zu einer anderen Dimension von Mannsein durchzubrechen? Der Autor zeigt auf, wie revolutionär die Lehren Jesu gerade für Männer sind.

Christine Hauke, Glaube, der funktioniert

Glaubensräuber enttarnen und ein leidenschaftlicher Freund Gottes werden; 240 S., Paperback

Wie finden wir einen Glauben, der nicht nur unser Innenleben grundlegend verändert, sondern auch unsere Umgebung mit der Kraft des Evangeliums in Berührung bringt?

Christine Hauke schreibt sowohl inspirierend als auch herausfordernd über eine dringend notwendige Reform, ja, eine „Revolution" unserer traditionellen Vorstellungen des christlichen Glaubens und identifiziert eine ganze Reihe weit verbreiteter religiös-traditioneller Ansichten, die zwar „gläubig" erscheinen, aber ganz unvereinbar sind mit dem „wahren" Glauben, wie ihn die Bibel beschreibt und die Evangelien ihn bezeugen.

Dutch Sheets
Dein Herz soll wieder schlagen

Wie Gott neue Hoffnung in unser Leben haucht; 160 S.

Unerfüllte Hoffnungen und Wünsche können unser Herz emotional oder geistlich genauso krank machen wie physische Herzkrankheiten. Ja, sie haben die Macht, unsere emotionalen Herzen auszuschalten und unsere Fähigkeit, die Zukunft im Glauben und voller Zuversicht anzugehen, zu zerstören. Dutch Sheets erläutert, wie wir davon geheilt werden können.

Bestellen Sie in Ihrer Buchhandlung oder direkt beim Verlag:

GloryWorld-Medien | Postfach 4170 | D-76625 Bruchsal
Fon: 07257-903396 | Fax: 07257-903398 | info@gloryworld.de

Aktuelles, Leseproben, Downloads & Shop: **www.gloryworld.de**